4차 산업혁명을 넘어 인터랙 시대로
인터랙 코드

4차 산업혁명을 넘어 인터랙 시대로

인터랙 코드

강정규 지음

매일경제신문사

4차 산업혁명을 넘어
인터랙 시대로

학생들에게 강의하며 문득 이런 생각이 들었다. 4차 산업혁명 이후에 우리는 과연 어떤 시대를 살고 있을까? 이 질문의 시작이 지금 이 책을 만들었는지 모른다. 저자는 일하고 있는 직장에서도, 그리고 강의하고 있는 학교에서도 4차 산업혁명 시대의 영향을 몸소 체험하고 있다.

4차 산업혁명이라는 단어가 일반화된 지금, 이후에는 어떤 세상이 펼쳐질지 고민하는 사람들이 많아졌다. 저자는 앞으로 4차 산업혁명의 모습이 온택트를 넘어 언택트, 여기에 한 걸음 더 나아가 앞으로는 상호소통하는 인터랙티브(Interactive)로 변할 것이라고 예측한다.

인터랙 비즈니스란 쉽게 말해 서로 소통한다는 의미다. 기업과 소비자가 서로 소통하며, 앞으로는 사실상 개개인 맞춤형 서비스가 가능해진다는 뜻으로 해석하면 될 것이다. 대표적인 것이 바로 광고 시장이다. 예전엔 일방적으로 TV나 신문을 통해 제품을 설명했다면, 지금은 SNS

등을 통한 소비자와 소통하기 위한 광고가 주를 이루고 있다. 단순한 정보 전달이 아닌, 직접 체험하고 공감하는 일종의 상호소통 관계가 형성된 것이다.

이 책에서는 인터랙 비즈니스에 대한 정의와 함께 우리가 앞으로 살아가야 할 인터랙 시대*에 필요한 주요 기술에 관해 소개할 예정이다. 그리고 주요 기술을 통한 인터랙 시대 콘텐츠에 대해서도 자세하게 이야기하려고 한다. 또한, 이 책을 읽고 공부하는 학생들과 독자들에게 향후 급변하는 시대에 주목받는 직업에 대한 간략한 소개와 전망도 함께 꾸며보았다.

앞으로의 세상은 지금보다 훨씬 더 빠른 변화를 가져올 것이다. 통신 기술의 발달을 통해 자율주행차의 급속한 발전, 도심엔 UAM과 같은 항공기가 우리 머리 위를 날아다닐 것이다. 또 가상의 세계 메타버스가 또 다른 삶의 공간이 될 것으로 생각한다.

이 책에서 강조하고 싶은 것은 바로 준비다. 아니, 새로운 세상에 대한 대비라고도 말할 수 있을 것 같다. 새로운 기술과 바뀐 환경에 얼마나 준비된 자세로 임하냐에 따라 기회를 엿볼 수 있을 것이다.

기업 역시 마찬가지다. 변화를 준비하지 않으면 도태되고 살아남지 못하게 된다. 바뀌는 세상 트렌드와 기술 변화에 가장 민감할 수밖에

---

* 인터랙 시대 : 향후 4차 산업혁명을 넘어 사람과 사람, 기기와 기기가 연결되는 상호교류 사회로 이 책에서 정의한다.

없는 이유다.

　좋은 강의를 할 수 있게 기회를 만들어주신 인하대학교 경영대학원 교수님들과 좋은 강의 자료를 만들 수 있도록 도와준 팅크웨어 채현희 팀장에게 특별한 감사의 마음을 전한다.

강정규

CONTENTS

Part 2.

인터랙 비즈니스 콘텐츠

Part 3.

인터랙 시대, 주목해야 하는 유망 직업

질문 있습니다.
인터랙 비즈니스란?

인터랙의 정확한
의미는 무엇인가?

　인터랙이라는 단어 자체가 생소한 상황에서 이 단어가 뜻하고 의미하는 바가 무엇인지에 대해 궁금해하는 분들이 많을 것이다. 앞서 설명했듯이 인터랙은 우선 4차 산업혁명과 밀접한 관계가 있다.

　'4차 산업혁명에서 탄생한 핵심 기술을 활용해 개인과 서로 밀집하게 유기적으로 연결하는 관계', 이것이 바로 인터랙이라고 말할 수 있을 것이다. 과거에는 대부분 기업과 개인의 관계가 상당수 일방적인 거래로 이뤄지고 있었다. 예를 들어 기업이 재화를 만들면 소비자는 그것을 일방적으로 사는 형태가 대표적이다. 하지만 지금은 양상이 바뀌고 있다. 단순 재화뿐 아니라 우리가 소비하는 뉴스를 비롯해 다양한 콘텐츠까지 소비자와 소통하며 서비스되고 있기 때문이다. 향후 인터랙 시대의 기본 소비 단위는 바로 개인이 될 것이다. 급격히 진행되고 있는 초개인화 시대에 최적화된 서비스가 바로 인터랙이라고 말할 수 있다. 인터랙을 이해할 수 있는 개념을 키워드로 알아보도록 하자.

#인터랙 핵심 키워드 초개인화(Hyper-personalization)

인터랙에서 가장 중요한 부분은 바로 이 초개인화다. 비즈니스 모델을 예로 들어 설명하면, 기업들은 시장을 세분화해 특정 세그먼트(Segment)를 타깃팅하는 타깃 마케팅을 넘어, 초개인화에 초점을 맞춘 경우가 적지 않다. MZ세대와 같이 '나를 위한' 소비를 중시하는 새로운 세대의 소비자를 대상으로 할 때는, 기존의 매스 마케팅 방식으로는 의식주 브랜드의 가치를 인정받기 어렵다. 개인의 니즈를 파악하고, 소비자가 보이는 반응에 후행해서 대응하는 것을 넘어서야 한다. 소비자 개인이 특정상품이 필요하다고 인지하기 전에, 해당 소비자에게 조만간 필요해질 상품이 무엇인지 선제적으로 파악하는 기업이 최근과 같은 변화하는 환경에서 살아남을 수 있다. 이에 따라 초개인화를 가능하게 하는 딥 리테일(Deep Retail, 생활 방식의 변화에 맞춰 맞춤화된 상품을 제공하는 역량)의 중요성이 더욱 증대되고 있다. 초개인화가 가능해지려면, 빅데이터에 기반한 데이터 분석력과 소비 트렌드에 대한 통찰력이 맞물려야 한다.

최근 유통·소비재 업계에서 D&A(Data & Analysis), 인공지능 등 4차 산업혁명 기반 기술을 기반으로 한 스타트업들이 적잖게 설립되고 있다. 실례로 2014년 창립된 미국 스타트업 '펑션오브뷰티(Function of Beauty)'

는 개인화된 헤어 제품을 판매하는 기업이다. 이 기업의 CEO는 뷰티 업계에서 경력을 쌓은 사람이 아닌, 미국 MIT 대학에서 컴퓨터 사이언스로 박사 학위를 받은 알고리즘 전문가다. 창업자는 샴푸와 컨디셔너와 같은 헤어 제품이 대동소이하며 서로 차별성이 없다는 데 착안해, 소비자 개개인이 개별적으로 원하는 샴푸·컨디셔너의 성분과 향, 용기 사이즈를 초세분화했다. 소비자들의 다양한 니즈에 알고리즘을 얹어, 120억 종류의 조합이 가능하도록 만들었다. 즉, 소비자가 120억 종류의 헤어 제품 중 나만의 초개인화된 샴푸를 구매하도록 한 것이다.

의식주와 관련된 기업 중 그동안 기술과는 거리가 있던 전통 기업의 경우, 기업의 디지털 트랜스포메이션(Digital Transformation)에 대해 더욱 깊은 고민이 있다. 기업들이 이런 고민을 하는 이유는 바로 초개인화 때문이다. 전통 기업들은 우선 데이터 활용을 위한 자사 조직의 디지털 역량 진단을 해야 할 필요가 있다. 이후 데이터에 기반한 의사결정이 지속할 수 있도록 데이터 활용을 장려하기 위한 방안(Incentivizing)을 기업 조직에서 마련해야 할 것이다.

기업들은 데이터 가시화, 데이터 공유와 활용을 위한 분석구조화, 최적화, 지능화가 딥 리테일과 초개인화 실현을 위한 필수 요건이라는 사실을 인지해야 할 것이다.

#소통력(Communication)

인터랙은 일종의 상호 교류의 축약적인 표현이라고 말할 수 있다. 향후 모든 경제적인 소비에는 이 상호 교류 작용이 가장 큰 요소로 작용할 것이다. 쉽게 말해 소통력이 가장 중요하다고 할 수 있다.

최근 기업들 사이에서는 '진정성(Authentiticy)'이 기업 경영 전략과 마케팅의 주요 요소로 부상했다. '진실하고 바른' 기업, '참된' 기업을 진정성 있는 기업이라고 여기면서 다수의 기업은 진정성을 기업 전면에 내세우고 있다. 진정성을 소비자에게 인정받기 위해서는 기업 전체적 조직과 임직원이 진실하고 바른 자세를 지녀야 함은 물론이며, 이를 소비자에게 더 어필하도록 커뮤니케이션해야 한다. 기업의 탄생부터 현재까지의 기업 스토리 자체를 정립하는 스토리텔링도 중요하지만, 이와 같은 스토리를 소비자에게 전달하고 소비자가 공감하도록 하는 커뮤니케이션 전략 또한 중요하다. 오랜 역사를 가진 기업이라고 유리한 것은 아니고, 짧은 역사를 가진 기업이라도 어떻게 전략을 짜고 스토리텔링을 하느냐에 따라 소비자들에게 각인되는 인식은 확연한 차이가 있다. 오늘날의 소비자는 의식주 라이프 스타일 속에서 수많은 브랜드를 마주한다. 이 가운데 특정 브랜드에 지갑을 열 때는 부도덕하거나, 비양심적인 브랜드를 우선 제외한다. 다수의 브랜드가 진정성을 내세우고 있는 가운데, 소비자는 자신의 의식주 라이프 스타일과 부합하면서도 진정성이 자신에게 가장 잘 어필된 브랜드를 선택하는 경향을 보였다. 진정성을 전면에 내세운 기업이 훗날 위선이 있었다고 드러날 때, 새로운 세대의 소비자는 해당 기업을 즉각 외면하는 행동 패턴을 보였다. 진정성을 내세웠던 말과 행동이 거짓이었고, 위선이었다고 밝혀질 경우, 기업에 대한 충성도가 높았던 소비자들은 기업에 더 큰 배신감을 느끼기 때문이다. 간혹 기업이 제품과 서비스를 우수하게 만들어 놓고, 그 가치를 제대로 알리지 못해 실패하는 사례들이 있다. 진정성을 가득 담아 만든 우수 상품을 소비자에게 잘 알리는 '진정성 소통력'은, 전 세계 소비자가 모바일과 온라인으로 연결된 현시점에 매우 중요한 요소다.

#대응력(response ability)

인터랙 시대의 가장 중요한 소비 계층은 MZ세대다. 오늘날 MZ세대는 디지털 사회의 첨병으로서의 촉각을 지니고 있다. 기업의 제품과 서비스에 대한 즉각적인 반응을 보이는 세대가 바로 MZ세대이기 때문이다. 소비자의 연령이 낮아질수록 즉각적인 반응 속도 또한 더욱더 빨라진다. 즉각적인 반응은 소비자 개인에게 머물지 않고, 소셜미디어와 더욱 빨라지는 통신망을 타고 반응이 집단화되어 증폭된다. 특히 의식주 상품의 경우 소비자의 일상생활 속에서 빈번하고 폭넓게 사용되므로, 소비자는 의식주 상품에 관한 판단을 항시 내리고 있다. 시시때때로 경험한 의식주 상품에 대한 평가를 다른 소비자들에게 알리고 공유하는 상황에서, 의식주 관련 기업들은 즉각적인 대응력을 배양해야 한다. 이에 따라 기업은 민첩한 대응력을 필수적으로 탑재해야 한다. 즉각적으로 고객에게 대응하기 위한 애자일(Agile) 방법론이 무엇일지 고민해야 한다. 다른 국내외 기업의 애자일 전략 관련 베스트 프랙티스(Best Practice) 또한 벤치마킹할 수 있지만, 기업마다 각기 다른 경영 환경 속에서 결국 기업 고유의 방법론을 찾아가야 할 것이다. 기업의 밸류체인 전반에서 민첩하고 기민하게 비즈니스를 하기 위해서는, 소비자가 보이는 반응에 대한 수동적인 대응을 넘어서야 한다. 소비 트렌드를 앞장서 이끌어내고, 앞으로 올 트렌드를 기업이 능동적으로 만들어내기 위한 혜안을 지녀야 할 것이다. 이런 분위기에 맞춰 기업들은 소비자 대응에 최대한 빠르게 대응할 수 있는 조직을 신설하는 분위기다. 실제 GS샵은 실시간 고객 소통이 가능한 '샤피라이프'라는 시스템을 도입한 뒤 매출이 8배 가까이 상승하는 효과를 가져오기도 했다. 고객 대응이 얼마나 중요한지 확인해주는 대목이다.

#경험의 탁월성(Excellence in Experience)

최근 '초격차'를 화두로 내세운 기업이 적지 않다. 다른 기업이 따라올 수 없고, 타의 추종을 불허하며, 더 높은 정상에 올라야 초격차 전략이 주효하게 작용할 수 있다. 이를 위해서는 고객이 제품과 서비스를 사용하며 체감하는 경험도를 극대화해야 한다. 다시 말해, 고객에게 경험의 탁월성을 선사함으로써, 다른 기업과 타 브랜드를 통해서는 이와 같은 경험을 할 수 없다고 소비자가 공감해야 다른 기업과의 초격차를 벌

리는 것이 가능해진다. 고객 경험은 주관적인 영역인 까닭에 관련 전략 수립이 쉽지 않은 측면이 있다. 새로운 세대의 소비자는 라이프 스타일에서 자신의 투입 시간과 노력을 최소화하는 효율성을 추구하며, 삶의 곳곳에서 겪는 불편함에 대한 해결책이 마련되기를 기대한다. 소비자는 생활과 맞닿아 있는 의식주 상품에서 자신의 기대 수준에 대한 충족 여부를 그 무엇보다 중시한다. 아울러 기업이 소비자의 제반 상황에 대해 공감대를 형성하고 있는지 또한 중요하게 여긴다. 이 역시 인터랙의 핵심인 소통과 밀접한 연관이 있는 것이다.

인터랙 중심 소비자들이
중요시하는 가치 'ESG'

#고객 경험 = 상호작용

인터랙 비즈니스에서 가장 중요한 가치 중 하나는 바로 고객 경험이다. 고객 경험이라 하면 대면·비대면을 포함해 기업이 제공하는 고객 접점을 통해 고객이 서비스를 구매하는 모든 과정에서 기업과 상호작용하며 겪는 경험을 의미한다.

고객이 기업과 겪는 모든 상호작용의 결과는 기업 브랜드 및 서비스에 대한 정서·선호도에 영향을 미치게 된다. 따라서 기업이 제공하는 서비스를 이용하는 과정이나 경험이 신선하고, 흥미롭고, 원활할수록 고객은 기업과 긍정적인 상호작용을 더 많이 하게 되고, 이는 결과적으로 고객의 기업 브랜드에 대한 충성도로 연결된다. 이렇듯 고객 경험은 고객을 유치·수성하고, 기업이 제공하는 서비스가 고객으로부터 지속해서 선택받는 데 매우 중요한 부분을 차지한다. 이에 따라 많은 기업이 고객을 이해하고자 노력하고, 고객을 만족시킬 수 있는 경험을 제공하기 위해 자사의 고객 경험을 강화하고 개선하는 데 역량을 집중하고 있다.

#코로나19로 소비자의 기대치는 높아졌다

그렇다면 왜 고객 경험이라는 가치가 기업에 중요한 고려 요소로 다가온 것인지 생각해볼 필요가 있다. 코로나19의 영향은 모든 국가 및 산업에서 광범위하게 나타났으며, 전 세계 경제는 코로나19로 인한 불확실성에 현재까지도 악영향을 받고 있다. 전 세계 경제가 점차 회복되는 모습을 보이지만, 백신·치료제가 개발되고 보급이 확대되고 있음에도 불구하고 최근 델타 변이, 오미크론과 같은 변종 바이러스 등의 영향으로 코로나19 확산세가 전 세계적으로 여전히 크게 개선되지 않고 있다. 이에 따라 정상적인 일상 및 경제활동으로의 복귀까지는 아직 갈 길이 멀고, 회복 시기도 불투명한 상황이다. 여기에 최근 가파른 물가 상승세와 코로나19로 인한 실질 소득 감소의 영향으로 소비자들의 구매 기준은 더욱 높아지고 엄격해지고 있다. 게다가 코로나19를 계기로 소비자들이 정서적 만족, 편의성, 건강과 안전 등을 더욱 중시함에 따라 소비행태도 변화하는 양상을 보이며, 이에 따라 고객 경험 및 서비스 가치에 대한 소비자의 기대, 의사결정 과정 및 구매 패턴도 다양해지고 있다.

#돈쭐 내는 MZ세대 소비자

코로나19로 글로벌 소비 트렌드에도 급격한 변화가 일어나고 있다. 특히 상호 교류, 즉 인터랙을 중시하는 소비자들은 이른바 MZ세대를 중심으로 한 계층이다. 이들은 착한 기업을 선호한다. MZ세대의 선택을 받아야 살아남을 수 있는 시대인 것이다. 이런 주요 소비층들은 개념소비 및 가치소비를 우선시하며 착한 기업을 찾아 돈쭐*을 내기도 한다. 반면 비윤리적 또는 반사회적인 행동을 하는 기업과 브랜드는 불매 운동 등으로 소비자로부터 외면을 받게 된다. 따라서 소비자와 밀접하게 연관된 비즈니스를 영위하는 유통·소비재 기업에 ESG 경영 활동은 더는 선택이 아닌 필수로 자리 잡고 있다. ESG란 환경(Environmental), 사회(Social), 지배구조(Governance)의 영문 첫 글자를 조합한 단어로, 기업 경영에서 지속 가능성을 달성하기 위한 3가지 핵심 요소로 꼽힌다.

소비자들과 가장 밀접하게 연결된 유통 산업에서 특히 ESG를 중심으로 한 움직임이 많이 감지되고 있다. 유통 기업은 재고를 감축하기 위한 뉴 비즈니스 개발에 나서거나 폐기물 감축에 나서며 환경 문제에 적극 대응 중이다. 아울러 소비자에 이르는 딜리버리 과정에서 친환경 전기차를 활용하는 모습도 보였다.

---

* 돈+혼쭐의 변형된 표현으로, 정의로운 일 등을 함으로써 타의 모범이 된 가게의 물건을 팔아주자는 역설적 의미로 사용한다.

#ESG 소비자들은 물건을 사면서 폐기물도 걱정

요즘 소비자들은 물건을 새로 구매하면서 포장재, 그리고 자원 재순환 등을 하나의 구매 요소로 고려한다. 이런 소비자의 니즈를 파악해 관련 업계도 자원순환에 힘쓰고 있다. 대형마트·편의점·SSM 등 식료품을 핵심 제품군으로 취급하는 유통 업태는 푸드 로스(Food Loss)에 대한 고민을 안고 있다. 푸드 로스란 유통기한이 임박했거나 파손으로 인해 판매 가치가 하락한 제품 때문에 발생하는 식품의 낭비를 말한다. 어마어마한 양의 음식물 쓰레기는 환경 파괴 주범으로 꼽히며, 식품 폐기물 처리 과정에서 불필요한 에너지가 사용되므로 에너지 낭비 이슈가 발생하고 있다. 푸드 로스 문제는 비단 남의 나라 이야기만은 아니다. 환경부에 따르면, 2019년 기준, 일 평균 배출되는 음식물 폐기물이 1만 6,000톤 수준으로 해마다 늘어나고 있으며, 관련 처리 비용도 커지면서 경제적 손실 또한 지속 확대되고 있기 때문이다. 국내외 유통 기업은 푸드 로스 발생을 방지하기 위한 노력을 전개 중이다.

#재활용을 넘어선 가치 '업사이클'

재활용의 가치를 넘어 새로운 부가가치를 창출하는 이른바 업사이클에 많은 기업이 주목하고 있다. 업사이클은 업그레이드(Upgrade)와 리사이클(Recycle)의 합성어로, 버려진 제품을 활용해 새로운 제품으로 탄생시키는 활동을 의미한다. 패션 업계를 예로 들어 설명해보자. 패션 업사이클은 심각한 환경오염을 유발하는 패션 산업에 대한 반성에서 시작됐는데, 초기 업사이클은 폐섬유와 수명을 다한 패션 제품 등에 디자인을 가미해 새로운 제품을 제작하는 활동(Reuse)이 주를 이뤘다. 최근에는 환경에 관한 관심이 고조되면서 패션 기업의 업사이클 활동이 진화하고 있다. 특히, 전 세계적으로 환경 문제를 일으키고 있는 페트병 등 폐플라스틱을 재활용한 친환경 제품 개발에 나서는 국내외 섬유·패션 기업이 점차 늘어나는 추세다. 글로벌 스포츠 패션 브랜드 나이키(Nike)는 2018년부터 'Move to Zero' 슬로건 아래 '제로 탄소'와 '제로 폐기물'을 목표로 프로젝트를 진행 중이다. 나이키는 제품의 탄소 발자국을 좌우하는 데 소재가 주요 역할을 한다고 보고, 소재 선택에 주안점을 두고 나이키 플라이니트, 재활용 폴리에스터, 나이키 에어 등 지속 가능한 소재의 사용을 확대하고 있다. 글로벌 패스트 패션 브랜드 유니클로(Uniqlo)는 '리유니클로(RE.UNIQLO)' 프로젝트로 'REUSE', 'RECYCLE', 'REDUCE'의 3가지 친환경 이니셔티브를 내세운다. 유니클로는 고객이 안 입는 옷을 수거해 새로운 제품을 제작하고(REUSE), 폐페트병을 활용한 제품을 개발하며(RECYCLE), 제품 생산 공정에서 배출되는 탄소의 양과 사용되는 물의 양을 절감(REDUCE)하는 활동을 전개하고 있다. 한편, 국내에서는 대표적인 섬유 기업 효성티앤씨가 버려진 페트병의 불순물을 제거하고 플라스틱을 녹여서 폴리에스테르 원사 '리젠(Regen)'을 개발했으며, 국제 재활용 인증(GRS, Global Recycle Standard)까지 획득해 국내외 패션 기업의 친환경 섬유 공급처로 주목받고 있다. 과거에는 수익성이 떨어져 주목받지 못했던 업사이클 섬유 및 의류에 대한 수요가 ESG 비즈니스의 부상과 변화하는 소비 트렌드에 따라 확대되고 있다. 새롭게 주목받는 재활용 섬유 및 업사이클 의류 시장은 국내외 패션·섬유기업에 브랜드 이미지를 제고하고, 신성장 동력을 확보할 기회가 될 것으로 보고 있다. 항공업계도 업사이클 열풍에 가세하고 있다. 대한항공의 경우 퇴역한 점보제트기 보잉 747 동체를 이용해 네임택과 골프공 볼마커 등을 제작해서 한정판매해 큰 인기를 끌었다. 아시아나항공의 경우 승무원들의 낡은 유니폼과 앞치마 등을 활용해 파우치를 제작해 업사이클에 동참하고 있다.

Part 1

인터랙 비즈니스
주요 기술

인터랙 비즈니스의 주요 기술은 상호 연결이 핵심이다. 개인과 세상이 연결되는 5G, 빅데이터, AI 등이 대표적인 기술로 꼽힌다. 얼핏 보면 4차 산업혁명 시대의 주요 기술들과 비슷해 보일 수도 있지만, 핵심은 상호 연결이다. 단순한 기술의 발달이 아닌 개인과 세상이 연결되는 기술이 곧 인터랙 시대의 주요 기술인 것이다. 인터랙 시대에 맞춰 발전하고 있는 기술에 대해 알아보도록 하자.

```c
                                        const xmlChar *name,
                                        const xmlChar **attributes)
{
  Context *context = (Context *)voidContext;

  if (COMPARE((char *)name, "TITLE"))
  {
    context->title = "";
    context->addTitle = true;
  }
  (void) attributes;
}

//
// libxml end element callback function
//
static void EndElement(void *voidContext,
                       const xmlChar *name)
{
  Context *context = (Context *)voidContext;

  if (COMPARE((char *)name, "TITLE"))
    context->addTitle = false;
}

//
// Text handling helper function
//
static void handleCharacters(Context *context,
                             const xmlChar *chars,
                             int length)
{
  if (context->addTitle)
    context->title.append((char *)chars, length);
}

//
// libxml PCDATA callback function
//
static void Characters(void *voidContext,
                       const xmlChar *chars,
                       int length)
{
  Context *context = (Context *)voidContext;

  handleCharacters(context, chars, length);
}

static void cdata(void *voidContext,
                  const xmlChar *chars,
                  int length)
{
  Context *context = (Context *)voidContext;

  handleCharacters(context, chars, length);
}

static void StartElement(void *voidContext,
                         const xmlChar *name,
                         const xmlChar **attributes)
{
  Context *context = (Context *)voidContext;

  if (COMPARE((char *)name, "TITLE"))
  {
    context->title = "";
    context->addTitle = true;
  }
  (void) attributes;
}
```

초고속, 초저지연, 초연결,
이것이 바로 5G다

#본격적인 5G 세상은 아직이다

인터랙 시대에서 가장 중요한 기술 중 하나는 바로 5G기술이다. 초고속 통신망이야말로 상호 소통하고 연결할 수 있는 가장 기본적인 기술이기 때문이다.

실시간 소통이 중요한 인터랙 시대에 꼭 필요한 기술이라고 할 수 있다. 5세대 이동통신 기술인 5G의 표준화가 끝났고, 국내, 해외 이동통신사들의 상용화를 시작했다.

다양한 5G 기기가 출시됐고, 대도시를 중심으로 한 5G 서비스가 본격화되고 있다. 하지만 전국에 5G 서비스가 가능한 시점은 2024년으로, 아직 온전한 5G 서비스를 받기에는 한계가 있는 것 또한 사실이다.

5G의 최대 특징은 초고속(Enhanced Mobile Broadband), 초저지연(Ultra-Reliable and Low Latency Communication), 초연결(Massive Machine Type

Communication)로 압축된다. 5G는 데이터 전송량이 큰 고주파 대역을 사용함으로써 더 많은 데이터를 더 빠르게 전송할 수 있다. 4G(LTE)와 비교해 이론상 최고속도(20Gbps)는 20배, 체감속도(100Mbps)는 10배 더 빠른 기술 스펙을 목표로 하고 있다. 또한 1ms(1/1000초)의 초저지연 수준을 구현하는데, 이는 평균 100ms를 상회했던 3G보다는 100배 더 낮은 수치이며, 네트워크 상태에 따라 차이가 있지만, 10~50ms 수준인 4G보다는 10배 이상 개선된 성능이다. 이와 함께 4G 대비 10배 증가한 km²당 100만 대 이상 대규모 단말의 동시접속이 가능하며, 에너지 효율도 100배 개선함으로써, 자율주행차량과 거의 모든 전자기기, 수많은 센서가 인터넷에 접속될 사물인터넷 시대에 대응할 수 있는 초연결의 특장점을 보유하고 있다.

#5G 기술의 미래는 곧 인터랙 시대

5G의 차별점인 초고속, 초저지연, 초연결에 따라 다양한 유망산업과 분야가 부상할 것으로 보인다. 다만, 이들은 한 가지 요소가 아닌 복수의 특성에 힘입어 구현되기도 하는데, 예를 들어 VR(가상현실)·AR(증강현실)·MR(혼합현실)과 같은 실감형 콘텐츠는 초고속과 초저지연이 모두 확보되어야 실현될 수 있다. 4K, 8K 초고화질 동영상과 고정형 무선 초고속인터넷 서비스인 FWA(Fixed Wireless Access)는 모두 초고속 네트워크의 강점을 활용하는 분야이며, 자율주행차, 원격의료, 원격머신은 초저

지연·고신뢰에 기반한 섹터다. 이외에 스마트홈, 스마트시티, Massive IoT는 대역폭과 저지연성보다는 대규모의 기기 연결과 네트워크 효율성이 확보되어야만 하는 분야다. 이런 기술의 발달은 곧 인터랙 시대로 연결된다. 초개인화 시대로 접어드는 핵심 기술 역량인 5G 기술을 통해 개인의 삶이 중심이 되는 시대로 연결되는 것이다. 이런 초개인화 시대 속에서 소비자와 생산자를 보다 밀접하게 연결할 수 있는 기술이 바로 통신이다. 그중에서도 5G 기술은 실시간으로 서로 소통할 수 있는 창구를 만들어준다는 점에서 기술적인 의미가 크다.

#5G 시대에 눈여겨볼 산업은?

5G의 도입이 각 산업에 미치는 영향은 단계적으로 나타날 것으로 예상한다. 도입 초기에는 네트워크 장비, 인프라 구축 업체의 활발한 활동이 기대되며, 핫스팟 라우터를 이용한 무선인터넷 서비스인 FWA가 등장하고, 이동통신사의 5G 서비스 상용화에 발맞춰 5G 지원 스마트폰 단말이 발매될 것으로 보인다. 이후 초고화질 동영상과 실감형 콘텐츠 등 엔터테인먼트 영역이 부상하고, 자율주행차 서비스가 개시되며, 장기적으로는 제조 스마트화, 원격의료, 원격머신, 스마트시티 등의 사업화가 이어지고, B2B 영역과 융합형 서비스에서 새로운 비즈니스 모델을 찾기 위한 시도가 지속할 것이다.

#5G 빅뱅은 이미 시작됐다

지금까지 통신 기술이 발전하면서 통신 산업과 이를 둘러싼 산업 생태계는 매번 진화의 과정을 겪었다. 새로운 통신 기술이 발표될 때마다 기술 표준을 선점하고 시장에서 주도권을 획득하기 위한 경쟁이 진행됐고, 기존 성공에 안주하거나 전략적 대응에 실패한 기업은 한순간에 시장에서 경쟁력을 잃거나 퇴출하는 과정을 겪었다. 이는 조지프 슘페터(Joseph Schumpeter)가 《경제발전론》에서 말한 창조적 파괴(Creative Destruction)의 과정이자 경제가 역동성을 가지고 순환되는 과정으로 볼 수 있다.

5G는 단순한 통신 기술의 발전이 아닌 산업 생태계와 기업의 비즈니스 모델, 서비스의 제공방식 등을 바꾸는 범용 기술(GPT, General Purpose Technology)로서의 잠재력을 보유하고 있다. 지금까지의 산업 재편은 주로 전통적인 통신 산업과 통신과 직접 관련된 단말, 부품, 장비 업체를 중심으로 일어났다면, 5G 시대에서는 더 다양한 산업이 영향을 받고, 이에 따른 새로운 비즈니스 기회가 생겨날 것으로 예상한다. 특히 인공지능, 사물인터넷과 같은 4차 산업혁명 시대의 기반 기술과 5G가 결합할 때, 미래의 산업 생태계는 전대미문의 변화를 겪게 될 것이다. 산업의 흥망성쇠의 주기가 짧아지고, 산업 간 경계가 허물어지는 현 시점에, 5G로 인해 변화할 미래 산업 생태계에 주목해볼 이유가 여기에 있다.

데이터가 곧 재산이다.
'빅데이터' 경쟁

#개인 맞춤 서비스 정보의 바다, 빅데이터

인터랙 비즈니스에서 가장 중요한 것은 개인 맞춤화다. 이렇게 개인에게 딱 맞는 서비스를 제공하기 위해서는 그 개인에 대한 정보, 즉 빅데이터가 가장 기초적인 서비스의 시작이 되는 것이다. 과거에는 반도체가 산업의 쌀이라고 불렸다면, 앞으로의 사회는 누가 더 정보를 많이 가지고 있느냐에 따라 기업의 성공이 좌우될 것이다. 우리가 생활 속에서 흔히 사용하고 있는 빅데이터라는 말은 대용량 데이터가 뭉친 형태를 일컫는 말이다. 즉 데이터 하나하나가 모여 의미와 가치가 있는 단위로 묶인 데이터 덩어리가 바로 빅데이터라고 보면 이해하기 쉽다. 데이터가 중요한 이유는 정보를 담고 있기 때문이고, 이러한 정보에서 새롭고 가치 있는 의미를 담은 정보를 재가공할 수 있기에 4차 산업혁명의 대표 기술로 불리고 있다. 빅데이터는 모양을 갖춘 정형적인 정보가 있는가 하면, 모양을 제대로 갖추지 못한 비정형적인 정보도 있다.

기존 데이터베이스 처리 소프트웨어(SW) 방식으로는 처리할 수 없을 정도로 방대한 분량을 빅데이터라고 부르고 있다. 시장 조사기관인 맥킨지도 빅데이터를 일반 데이터베이스 소프트웨어가 저장하고 관리하며 분석하는 범위를 초과하는 데이터라고 정의했다. 이제는 데이터를 기반으로 개인별 맞춤형 정보를 제공하는 것도 가능해졌다.

세계적인 시장 조사업체 가트너는 빅데이터를 3V로 정의하고 있다. 데이터의 양(Volume), 데이터의 속도(Velocity), 데이터의 종류(Variety)다. 데이터의 양이 매우 많고 속도가 매우 빠르며 매우 다양함을 뜻한다. 빅데이터는 사회관계망서비스(SNS)와 같은 소셜미디어, 위성항법 시스템(GPS)에 따른 위치 정보, 인터넷 이용 정보는 물론 사진, 동영상, 텍스트 등을 모두 포함한다. 불과 지난 2년 동안의 데이터 양이 인류 역사 전체 기간에 축적한 양보다 많다. 생산 속도도 엄청나 지난해 기준으로 1분에 약 1800테라바이트(TB)가 만들어지고 있다.

무엇보다 빅데이터가 본격 출현한 데는 2007년 스마트폰의 탄생이 큰 영향을 미쳤다. 개인 모바일 기기의 확산은 더 많은 정보를 만들게 해줬고, 빅데이터 개념을 좀 더 빠르게 발전시켰다. 아울러 컴퓨팅 성능의 증대, 데이터 저장장치의 비용 감소는 빅데이터 발전을 앞당겼다. 메모리 저장 비용의 하락, 정보를 저장하고 관리하는 클라우팅 컴퓨팅 기술의 확산, 데이터를 쉽고 싸게 이용할 수 있는 분산파일 시스템의 개발 등도 큰 요인이다.

우리의 일상생활은 모두 빅데이터 속에 있다고 해도 과언이 아니다. 데이터는 곧 자산이고 돈이다. 구글이 빅데이터를 활용해 미국의 독감 유행을 의료전문기관보다 미리 발표한 것은 유명한 사례다. 데이터를 알면 수백 년 전 기록을 바탕으로 미래를 예측할 수도 있다. 역사적인 데이터를 기반으로 한 과거 기상 데이터는 향후 몇십 년 내 지진이나 화산 폭발과 같은 예측에 도움을 줄 수 있다.

하지만 빅데이터가 장점만 가지고 있는 것은 아니다. 가장 우려되는 부분은 사생활 침해와 보안이다. 수많은 이해관계자에게 얻은 정보이기에 데이터를 수집할 때 개인정보가 한번 유출되면 피해가 커 조심스러운 접근이 필요하다.

#글로벌 IT 업체들의 빅데이터 전쟁

해외 주요 IT 업체들은 이미 십수 년 전부터 빅데이터와 관련된 서비스를 개발하거나 이미 론칭한 곳들도 있다. 구체적으로 어떤 기업들이 어떤 기술을 개발하고 또 상용화했는지 살펴보자.

아마존

아마존(Amazon)은 웹 및 알렉사를 통해 클라우드 기반의 인공신경망 기반분석 서비스와 음성인식 서비스를 융합적으로 제공 중이다.

구글

구글(Google)은 실시간의 빅데이터를 축적하고 세계에 설치한 IoT 기기를 구글 클라우드 플랫폼에 연결해 실시간으로 빅데이터를 분석하는 플랫폼 개발했다.

마이크로소프트

마이크로소프트(Microsoft)는 인프라 측면에서 클라우드 플랫폼 애저를 기반으로 솔루션을 제공해 기업과 고객의 IoT 시장 진입 장벽을 낮추고, 신제품 개발을 지원하는 등 고객 측면에 초점을 맞추고 있다.

인텔

인텔(Intel)은 IoT 환경에 적합한 쿼크 프로세서를 기반으로 윈드리버의 클라우드 서비스, 다양한 분석 기능 등을 포함한 새로운 제품군을 공개했다.

자라

자라(Zara)는 빅데이터 분석을 활용해 전 세계 매장의 판매현황을 실시간으로 분석한 뒤 수요가 높은 의류를 실시간으로 공급할 수 있는 물류망을 구축하고 있다.

#발 빠르게 추격하는 국내 기술 동향

솔트룩스

지능형 빅데이터 분석 플랫폼 빅데이터 스윗(Bigdata Suite)을 개발해 대규모 데이터를 처리하는 기술을 갖췄다.

SK텔레콤

고객 데이터와 외부 데이터를 기반으로 상권 분석을 해주는 빅데이터 서비스 지오비전(Geovision)을 개발 및 제공 중이다.

LG

CNS 클라우드 기반으로 인공지능을 활용해 데이터 수집에서 분석, 결과 시각화까지 일련의 과정을 빠르게 수행해 기업들의 데이터 기반 의사결정을 돕는 서비스를 출시했다.

신한카드

빅데이터 분석을 바탕으로 고객 라이프 스타일 맞춤형 상품 추천 서비스를 제공 중이다.

KT 넥스알

하둡 기반의 빅데이터 분석 플랫폼인 NDAP(NexR Data Analytics Platform)를 주력 솔루션으로 제공하고 있다.

#다양한 분야에서 활용되는 빅데이터

AI 기반 데이터 가치 고도화 플랫폼

이상치, 결측치, 특이치 등에 대한 탐색적 데이터 분석을 기반으로 하는 데이터 가치 탐구에 대한 AI 및 머신러닝 등 방법론 개발이다. 유형별, 특성별 생성형태별 데이터 수집과 오류 데이터 등 교정, 재생 등 추천에 필요한 학습 데이터를 구축할 수 있다.

산학 연계 및 테스트베드 확보를 통한 개발기술 검증으로 국내 시장 개척 및 선점이 필요한 상황이다.

물류 빅데이터 구축 및 분석 시스템

글로벌 플랫폼에 제공하기 어려운 유통-물류 실시간 데이터 수집 및 연계 기술의 개발이다. 유통-물류 산업 특화 빅데이터 기반 서비스 창출이 가능하다. 플랫폼이 아닌 빅데이터를 활용한 서비스 개발과 유료 수익 모델 개발을 통한 수익을 창출할 수 있다.

스마트 헬스케어를 위한 빅데이터 수집 시스템

글로벌 업체들의 비즈니스 전략을 면밀히 분석하고, 초기 시장을 선점할 수 있는 비즈니스 전략이다. 산학연 및 대-중견-중소기업 협력에 기반해 자체적으로 진행하기 어려웠던 R&D 진행이 가능하다. 정부 R&D 사업과 현장실습 프로그램 연계로 부족한 인력을 확충해 경쟁력을 높일 수 있다.

빅데이터 분석 및 시각화 플랫폼

비정형 데이터의 양이 폭발적으로 증가해 분석 중요도가 높아질 전망이다. 산업적 활용이 가능하도록 빅데이터를 분석, 가공하는 기술 개발력을 선점할 수 있다. 실시간 데이터 처리, 배치 데이터 처리 등의 기술을 도입해 각 산업 분야에 적합한 데이터 분석과 시각화 기술 개발로 경쟁력 강화가 가능하다. 플랫폼이 아닌 빅데이터를 활용한 서비스 개발과 유료 수익 모델 개발을 통한 수익을 창출할 수 있다.

빅데이터 기반 마케팅 인텔리전스 플랫폼

빅데이터 단위기술에 대한 융복합 기술이 공백 상태인 만큼 중소벤처기업의 기술 선점이 가능하다는 장점이 있다. 데이터 개방정책에 기반한 빅데이터 확보 가능성이 커짐에 따라 대기업 독점의 데이터 시장에서 플랫폼 경쟁력 제고가 가능하다. 정부 R&D 사업과 현장실습 프로그램 연계로 부족한 인력을 확충해 경쟁력 제고를 꾀할 수 있다.

공공 빅데이터 수집 및 분석 시스템

공공빅데이터에 대해 부처와 기관별로 상이한 데이터 형태의 연계수집 및 통합관리 해결이 가능하다. 기존에 구축된 인프라와 개발된 기술을 활용해 진입 장벽을 해소하고 융합분석에 특화할 수 있다. 산학 연계 및 테스트베드 확보를 통한 개발기술 검증으로 국내 시장 개척 및 선점이 필요하다.

이제는 생활로 다가온
인공지능 세상 'AI'

#사실상 인공지능 'AI'와의 동거는 시작됐다

우리 사회에 인공지능이 충격으로 다가온 사건은 바로 알파고다. 이세돌 9단과 인공지능 알파고와의 대국을 통해 우리는 좀 더 인공지능이라는 단어에 친숙함과 두려움을 가지게 됐다. 인공지능의 사전적 의미는 사람의 지적인 능력을 모방해 그 지적 능력의 일부 또는 전체를 인공적인 기술을 사용해 인간의 지적인 능력을 구현하는 기술이다. 한마디로 인간과 같이 생각하는 기술을 뜻한다.

인공지능이라는 용어는 1955년에 존 매카시(John McCarthy)가 처음 사용했다. 이후 1956년에 매카시는 다른 사람들과 함께 인공지능에 관한 다트머스 연구 프로젝트라는 콘퍼런스를 개최했고, 이 시작은 머신 러닝, 딥 러닝, 예측 분석, 규범적 분석의 탄생으로 이어졌다. 인공지능 기술은 4차 산업혁명 기술 분야의 핵심으로 꼽힌다. 거의 모든 기술 분야에 적용되고, 이미 여러 분야에 적용되어 활발히 활용되고 있다.

인공지능은 빅데이터를 기반으로 스스로 공부하고 학습한다. 심지어 24시간을 먹지도 자지도 않고 계속 공부한다. 더는 인간과 인공지능을 비교하는 것은 의미가 없을지도 모른다. 인공지능은 이미 우리 생활 곳곳에 활용되고 있다. 요즘 가정마다 보편적으로 사용하고 있는 인공지능 스피커가 대표적이다. 또한, 자율주행차에도 인공지능 기술이 핵심으로 자리 잡고 있다. 이 밖에 환자들의 빅데이터를 기반으로 학습해 치료 방법을 제시하는 인공지능 의사 왓슨, 골드만삭스의 인공지능 펀드 매니저 켄쇼가 대표적이다.

인공지능은 앞으로 더 많은 산업에서 활발하게 사용될 것으로 보인다. 의사나 변호사 등 전문적인 지식이 요구되는 곳에 보조로 활용할 수 있고, 방대한 자료를 학습하거나 분석하는 데 사용할 수 있다. 인터랙 비즈니스에서도 마찬가지다. 초개인화된 맞춤형 생활에서 인공지능은 곧 삶의 동반자처럼 일상의 한 부분으로 자리 잡을 것이다. 이미 많은 가구에서 인공지능 스피커나 스마트폰을 활용한 인공지능 활용 사례가 크게 늘고 있다.

#이미 주요 산업으로 자리 잡은 'AI'

공상 과학 영화에서 봤거나 미지의 영역이었던 인공지능에 관한 기업들의 연구는 지금이 바로 르네상스 시기라고 봐도 무방하다. 일본 소프트뱅크에서 발표한 감성인식 로봇 페퍼는 이미 상용화됐고, 구글은 이미 음성인식 기반의 인공지능 서비스를 상용화해 이용자들에게 많은 편의를 제공하고 있다. 의료 현장에서 활약하고 있는 IBM의 인공지능 왓슨은 이미 환자들 사이에서도 신뢰가 두텁다.

소프트뱅크

소프트뱅크는 클라우드에 연결되어 지속해서 학습 및 성장이 가능한 로봇 개발을 목표로 감성인식 로봇 '페퍼'를 개발해 상용화했다.

구글

구글의 머신러닝 플랫폼은 클라우드 서비스 형태로 이미 상용화된 서비스이며, Pre-Trained model, 인공신경망 기반의 기계학습 플랫폼, 이미지 검색, 음성 검색 등을 제공하고 있다.

IBM

IBM은 의료 전문 AI 플랫폼인 'Watson Health'를 운영하며, 다수의 헬스케어 서비스 기업들을 참여시켜 의료 분야 산업 생태계를 구성했다.

알리바바

알리바바(Alibaba)가 의료 AI 관련으로 고난이도 영역에 속해 있던 심혈관 인식기술을 개발했다.

GE

GE는 산업용 클라우드 플랫폼 'Predix Platform'의 개발을 통해 산업 현장에 AI 플랫폼 적용을 확산시키며 4차 산업혁명 시대를 주도하고 있다.

#한발 늦은 국내 인공지능 개발

유수한 해외 IT업체들과 비교해 국내 기업들의 인공지능 개발은 아직 걸음마 단계다. 네이버 등 포털 업체는 개인 비서를 지향하는 형태의 음성인식 기반 인공지능을 개발하고 있으며, 삼성전자 역시 실리콘밸리에서 인공지능을 연구하는 기업들을 인수하며 늦었지만 활발하게 개발에 열을 올리고 있다.

카이스트

카이스트(KAIST)는 과학기술정보통신부의 지원을 받아 AI 입력도구, AI 경량화, 경험 기반, 스마트제조 서비스 등 다양한 AI 플래그십 프로그램을 개발 중이다.

네이버

수년간 포털 운영을 통해 축적한 빅데이터를 기반으로 범용적으로 활용될 수 있는 지능형 개인비서를 개발하고 글로벌 기업들과 맞대결하고 있다.

브리지텍

브리지텍은 AI 콜센터 제품인 '아테나' 출시를 통해 AI 상담사, AI 상담 도우미, 개인비서 등의 서비스를 제공, 평창올림픽 AI 콜센터 실증사업에 참여했다.

셀바스 AI

AI 의료녹취 솔루션 '셀비 메디보이스'를 2018년 9월에 대구 파티마 병원에 공급 계약을 체결하며, 국내 업체 최초로 의료녹취 솔루션 상용화했다.

루닛

루닛 인사이트 MMG는 AI기술을 기반으로 설계된 유방촬영영사 판독보조 소프트웨어로, 유방암 의심 부위와 의심 정도를 색상 등으로 표기해 의사의 빠르고 정확한 진단에 도움을 주고 있다.

#인공지능이 적용되는 산업 분야는 어디일까?

AI 기반 교육 서비스

맞춤형 AI 기반 교육 서비스를 제공하기 위한 기술 개발에 이미 많이 활용되고 있다. 학교 교육 등 공교육 부문에서 복합적인 기술 인프라 개발에 포괄적인 AI교육 서비스를 제공할 수 있는 기술 개발이 진행 중이다.

합성데이터(Synthetic Data)

디바이스에서 직접 학습과 추론이 가능할 정도로 수준이 미미하기에 정확도를 유지하며 크기가 작고, 연산을 간소화하는 연구가 필요하다. 딥러닝 모델의 구조적 한계를 극복하기 위한 경량 딥러닝 알고리즘과 기존 모델의 효율적 사용을 위한 알고리즘 경량화의 두 축에 주목하는 이유다. 딥러닝 알고리즘을 통한 스마트폰 및 산업용 경량 장치에 탑재 가능한 형태의 모델 디바이스 개발이 가능하다.

딥러닝 영상처리 기술을 활용한 의료진단 솔루션

학습 데이터 부족 문제를 해결하기 위해 학습 데이터를 증강하는 기술을 개발하고, 증강된 학습 데이터 세트 판매를 통해 매출 상승 효과가 기대된다. 딥러닝 모델의 병변 진단 설명력 부족 문제를 해결하기 위한 기술 개발이다. 딥러닝 기술을 실제 의료현장에서 적용할 수 있도록 기술 가치 평가 및 현장 성능의 지속적 감시 및 개선이 필요하다.

RPA(Robotics Process Automation) System

은행, 카드사, 제조업 등 산업 분야별로 특화된 도메인 지식과 인공지능 기술이 접목된 RPA 시스템 개발이 필요하다. 특정 기업 조직의 구체적인 요구 사항을 충족하는 RPA 시스템 기술 개발 및 개발된 RPA 시스템에 대한 문제 진단과 평가를 할 수 있는 기술이다. RPA 기술 개발에 집중하게 되면 보안을 간과할 수 있으므로, 거래 처리 시 서비스 보완 관련 기술 개발도 함께 연구되어야 한다.

영상데이터 기반 AI 서비스

지도 학습, 비지도 학습 등을 영상데이터 분석에 활용해 딥러닝 기반 영상 분석 기술의 유효성을 선보이고, 영상 분석 기술로 시장 선두 노력이 필요한 시점이다. 딥러닝 모델을 학습시키기 위한 학습 영상 데이터 확보 및 확보된 영상 데이터를 다양한 영상 분석 딥러닝 모델에 맞게 전처리하는 기술 개발이 필요하다. 데이터 구축 단계에서 많은 창업 요소가 필요하며, 특히 딥러닝 모델의 학습 목표 설정 및 영상 데이터를 통한 결과 검증은 특정 분야 전문가와의 협업이 필요하다.

인간-인공지능 협업 시스템

인간과 AI 간의 커뮤니케이션을 매개하는 시스템을 위해 자연어 처리 기술 개발에 집중해야 한다. 사람의 경험을 AI에게 학습 가능한 형태로 전달하는 휴먼 인 더 루프(human in the loop)에 대한 방법론적 연구와 빅데이터 기반, 희귀 데이터도 모두 학습 가능한 방법론에 관한 연구 개발이다. 사용자 패턴 분석을 통한 사용자 맞춤형 딥러닝의 기술로 인간-AI 매개 시장 대응이 가능하다.

금융 패러다임을 바꾼다. '핀테크'

#토스를 생각하면 이해가 빠르다

핀테크(Fintech)란 금융(Finance)과 IT 기술(Technology)의 합성어로 새로운 아이디어·신기술을 바탕으로 혁신적인 금융서비스를 제공하는 스타트업이나 기업을 지칭한다. 핀테크 기업은 디지털 기술을 활용해 금융서비스에 대한 편의성을 극대화함으로써 금융소비자들의 기대와 니즈를 충족시키고 있다. 우리가 스마트폰에서 사용하고 있는 토스라는 금융앱을 생각하면 이해가 빠르다. 그동안 복잡한 금융 관련 업무에 IT 기술이 접목되면서 간편하게 이용하게 만든 기술이 바로 핀테크 기술이다.

핀테크 기업들의 특징을 살펴보면 다음과 같다.

① 손끝에서 시작되는 편의성

비싸고 불공정하게 느껴지는 수수료, 너무 엄격한 고객 정책, 자사 상품 중심의 천편일률적이고 편의성이 떨어지는 서비스 등 기존 은행들은 고객의 높아진 기대를 맞추지 못했다. 핀테크 기업은 이러한 고객의 페인 포인트(Pain Point)를 파고들어 기술과 새로운 아이디어를 접목해 비용이 저렴하면서도 빠르고 편의성이 극대화된 새로운 차원의 혁신적인 금융서비스를 제공해 기존 뱅킹서비스에 불만을 품은 소비자들을 사로잡았다.

② 고객 소리에 경청

핀테크 기업은 서비스 출시·개선에 신속하며, 스타트업의 특성상 변화에 유동적이기 때문에 고객의 피드백에 유연하게 대처할 수 있는 강점이 있다. 바로 고객과의 상호 소통이 빠르게 진행된다는 장점이 있다. 이러한 특징을 가진 핀테크 기업은, 고객 기반은 방대하지만, 유연성이 떨어지고 변화에 빠르게 반응하지 못하는 은행·금융기관과 대비되며, 금융산업 내 새로운 차원의 경쟁 환경을 만들었다.

③ 나를 위한 맞춤형 서비스

핀테크 기업은 디지털 트렌드와 고객의 기대치를 결합해 고객에게 혁신적인 경험을 부여하는 데 중점을 두고 있다. 고객 중심의 쉬운 사용자 인터페이스를 통해 고객 여정(Customer Journey)을 신속하고 원활하게 하는 한편, 데이터 분석을 통해 고객에게 맞춤화·차별화된 경험을 제공한다. 이것이야말로 인터랙 비스니스의 핵심이라고 할 수 있는 개인화 맞춤형의 정점이라고 할 수 있다.

핀테크 기업은 은행뿐만 아니라 보험, 자산관리 등 다양한 금융기관과도 경쟁함으로써 업계 트렌드를 선도하고 금융의 새로운 미래를 형성하고 있다. 글로벌 컨설팅 기업 맥킨지는 2025년까지 은행은 리테일 부문 수익의 최대 60%를 핀테크 기업들에 뺏길 수 있다고 전망한 바 있다. 핀테크 기업은 더는 금융업계의 디스럽터(Disruptor)가 아닌 주류로 자리 잡았으며, 금융업계의 주도권을 놓고 기존 은행의 입지를 위협하고 있다

#핀테크 기업을 넘어 빅테크의 역습

빅테크(Big Tech) 기업이란 금융서비스를 제공하는 거대 IT 기업을 가리킨다. 금융뿐만 아니라 광범위한 영역에서 다양한 온라인·디지털 서비스를 제공하며, 금융부문에서는 기술을 바탕으로 편의성과 고객 경험이 우수한 금융서비스를 제공한다. 미국의 구글, 아마존, 페이스북, 애플, 중국의 바이두, 알리바바, 텐센트, 한국의 카카오, 네이버 등이 대표적인 빅테크 기업으로 구분된다. 디지털 플랫폼을 기반으로 지급 결제 영역에 성공적으로 진출해 영향력을 키운 거대 IT 기업들은 지급 결제

서비스를 넘어 다양한 B2C 금융서비스를 제공하며 금융업 진출을 가속하고 있다.

빅테크 기업들은 금융데이터를 고객을 더욱 깊이 이해하는 중요 수단이자 새로운 수익 창출 수단으로 인식하고 있다. 이에 따라 빅테크 기업들이 금융업 진출을 확대하면서 은행 밸류체인은 이들에 의해 상당 부분 잠식될 것으로 전망된다. 아마존의 경우 상거래 판매자를 대상으로 최대 1년간 75만 달러까지 실질적으로 여신을 제공하는 아마존 대출(Amazon Lending) 서비스를 제공하고 있으며, 구글은 리테일뱅킹에 집중해 씨티은행과의 제휴를 통해 2021년 중 개인은행계좌(Citi Plex Account)를 도입할 예정이다. 국내의 경우도 예외가 아니다. 네이버는 2019년 11월에 네이버페이를 분사해 금융 전문 자회사 네이버파이낸셜을 설립했으며, '네이버통장'을 필두로, 온라인 사업자 전용 대출상품인 '스마트스토어 사업자(소상공인) 대출'을 2020년 12월에 출시했다.

거대 IT 기업들은 뛰어난 디지털 역량, 대규모 플랫폼 고객 및 검색·유통 등 축적된 데이터, 우수한 고객 경험에 정통한 조직, 그리고 막강한 기업 브랜드를 갖추고 있으며, 디지털 플랫폼을 중심으로 금융편의성을 극대화하고 비용 효율적으로 자사의 금융비즈니스 모델을 지속해서 진화시키고 있다. 무엇보다도 이들 기업은 밀레니얼 세대를 중심으로 높은 고객 충성도·신뢰도를 지니고 있다. 디지털 기기를 신체의 일부인 양 손에 끼고 성장했기 때문에, 새로운 디지털 제안(Digital Offering)에 익숙한 젊은 밀레니얼 소비자들을 중심으로 거대 IT 기업이 제공하는 금융서비스에 대한 수요는 지속해서 늘어날 것으로 전망된다. 결과적으로, 점점 더 많은 금융소비자들이 거대 IT 기업이 제공하는 금융서비스를 사용하려고 할 것이다. 특히 이들이 제공하는 서비스가 기존 은행들이 제공하는 서비스보다 더 나은 경우, 이러한 현상은 더욱 가속화될 것이다.

플랫폼과 연계해 금융서비스를 강화할 수 있는 거대 IT 기업들의 잠재력은 뱅킹 생태계의 균형을 바꿀 수도 있다. 은행과 빅테크 기업과의 상생을 위한 협력을 고려하더라도, 미래의 은행 생태계에서 은행들은 뛰어난 금융서비스 경쟁력을 갖춘 거대 IT 기업의 거센 도전을 계속 받게 될 것으로 전망한다.

비트코인을 알기 위해선
'블록체인'을 알아야 한다

#초연결사회의 시작 '블록체인'

블록체인 기술에 관한 관심이 뜨거워지고 있는 배경으로 전 세계가 점차 초연결 사회(Hyper-connected Society)로 진입하고 있다는 점을 꼽을 수 있다.

초연결 사회란, 디지털 기술을 통해 사람과 사람, 사람과 사물, 사물과 사물이 다수 대 다수로 온라인과 오프라인을 넘나들며 긴밀하게 연결되는 세상을 의미한다. 세계적 경영전략가인 돈 탭스콧(Don Tapscott)은 초연결 사회를 설명하는 핵심 단어로 '개방'을 제시했다. 초연결의 시대에는 정부나 기업을 포함한 어떤 주체도 독자적인 생존이 어려우므로 협업, 투명성, 지식공유, 권한분산 등을 통한 개방에 의해서만 경쟁력을 제고시킬 수 있다고 강조했다.

블록체인 기술은 비트코인의 거래에서 공개 원장(장부)의 역할을 수

행했다. 제3의 신용보증기관을 배제하고 네트워크 구성원들 간의 참여와 협업을 통해 거래를 성사시키는 블록체인 플랫폼의 특징은 초연결 사회에서 나타나는 현상과 일맥상통하다. 이러한 시대적 배경속에서 블록 체인 관련 투자 규모도 급증하는 추세를 보이고 있다.

블록체인이 기존 시스템과 다른 점을 알아보자.

블록체인이란, 분산형 데이터베이스와 유사한 형태로 데이터를 저장하는 연결 구조체 리스트다. 블록체인에 참여한 모든 구성원이 네트워크를 통해 서로 데이터를 검증하고 저장함으로써 특정인의 임의적인 조작이 어렵게 설계된 저장 플랫폼이라고 할 수 있다. 블록체인을 구성하는 각 블록(Block)은 헤더(Header)와 바디(Body)로 이뤄져 있다. 헤더에는 현재 블록을 이전 블록과 다음 블록으로 연결하는 해쉬(Hash)값과, 암호화된 시스템에서 사용되는 임의의 수인 넌스(Nonce) 등이 포함되어 있으며, 바디에는 거래별 트랜잭션(Transaction)이 기록되어 있다. 블록체인 참여자들은 해쉬값을 통해 해당 데이터의 정합성을 검증할 수 있다.

블록은 일정 시간마다 새롭게 생성되는데, 블록체인이라는 명칭도 거래 내역을 담은 신규 블록이 형성되어 기존 블록에 계속 연결되는 구조적 특성에 기인한다. 이러한 블록체인 플랫폼 위에서 이뤄지는 거래 프로세스는 다음과 같다. 거래 당사자 간에 거래가 발생하면, 해당 거래 정보는 네트워크를 통해 블록체인상의 모든 참여자에게 전송된다. 거래 정보를 전송받은 블록체인 구성원들은 상호 검증을 통해 암호화된 거래정보가 타당한 거래인지 여부를 결정한다. 구성원 간의 유효성 검증을 통해 타당성이 입증된 거래정보는 신규 블록에 저장된다. 그리고 기존 블록에 연결되어 하나의 블록체인을 구성하게 되고, 당사자 간의 거래가 성공적으로 완료된다.

#게임산업과 예술품 거래도 되는 NFT(대체 불가능 토큰)

NFT(Non-Fungible Token)는 블록체인을 활용해 디지털 콘텐츠에 고유한 인식 값을 부여한 일종의 디지털 진품 증명서다. NFT는 위조 불가능하고, 소유권 증명이 쉬운 특성이 있기에 게임 아바타나 아이템 거래에 활용할 수 있다. 오늘날 게임사의 고과금 및 확률형 아이템 이슈로 이용자의 불만이 커지고 있는 상황에서 NFT는 게임을 즐기며 돈을 벌 수 있는 P2E(Play to Earn) 트렌드를 실현할 수 있는 기술로 주목받고 있다. 이런 상황에서 게임 분야에서 상당히 주목받고 있는 기술로 꼽힌다. 게임업체들 역시 앞다퉈 투자를 활발히 진행하는 상황이다. 예를 들어 게임업체들 입장에서는 게임 도중에 나온 아이템을 블록체인으로 바꾸고, 이것을 이용자들끼리 거래하는 거래소를 만들어 디지털 화폐로써 가치를 인정받게 되는 방식이다. 이를 통한 수수료에서 새로운 수익모델을 창출할 수 있는 것이다. 예술 분야 또한 NFT 활용이 기대되는 분야 중 하나다. 작가들의 예술 작품이 디지털을 통해 높은 가격에 판매될 수 있고, 그동안 금액 환산을 할 수 없었던 유·무형 자산들이 NFT 기술로 인해 수익화가 가능해졌다는 점에서 예술 분야에서도 각광받고 있다. 수

집품이나 한정 제품 등 고유 가치를 가지는 자산도 이 기술로 거래할 수 있다는 점은 앞으로 주목해야 할 점이다. NFT 기술이 주목받는 이유는 이 암호화폐 기술이 대체될 수 없다는 것으로 인한 희소성을 가져다준다는 것이다. 이제껏 제대로 가치를 부여받지 못했던 것들을 거래할 수 있는 물꼬를 터 준 것이라는 개념으로 이해할 수 있다.

#블록체인이 가져올 패러다임 변화

블록체인은 제품 및 서비스의 생산·소비·유통·관리 등의 측면에서 기존 산업의 모습을 크게 변화시킬 것으로 전망되고 있다. 또한, 블록체인 기술이 활용될 수 있는 분야도 금융업과 제조·유통업, 민간부문과 공공부문에 대한 제한이 없어 사회 전 영역에 걸쳐 파급영향을 미칠 것으로 판단한다.

금융서비스 부문

금융서비스 부문에서의 블록체인 기술 적용이 두드러질 것으로 예상한다. 블록체인 기술이 태동하고, 현실에서 직접 적용됐던 분야가 금융 부문이었던 만큼 향후 관련 기술 및 상품 개발에 금융권의 적극적인 행보가 나타날 것이다. 실제로 현재 유수의 금융기관들이 상호 협력을 통해 블록체인 플랫폼을 구축하고, 이에 기반한 송금·환전·지급 결제 등 다양한 금융서비스를 제공하기 위해 노력하고 있다. 블록체인을 활용한 서비스 제공은 금융의 유통비용을 획기적으로 절감할 수 있을 것으로 기대한다.

제조 및 유통 부문

제조 및 유통 부문에서의 블록체인 활용 가능성도 확대되고 있다. 특히, 블록체인 기술이 실시간으로 정보의 흐름을 제공해주는 사물인터넷(IoT)기술과 결합할 경우 전혀 새로운 형태의 공급망이 등장할 수 있다. 더불어 이러한 첨단기술의 적용은 자연스럽게 공급사슬관리(SCM) 측면에서도 변화를 가져올 것으로 예측한다. 이 밖에 공공 부문에서도 블록체인을 활용해 토지대장 관리, 전자시민권 발급, 표결 관리를 추진하는 등 변화의 모습이 나타나고 있으며, 사회·문화적인 측면에서도 시민들의 삶에 많은 변화가 발생할 것으로 전망되고 있다.

공공서비스 부문

블록체인 기술의 도입은 공공서비스 분야에도 많은 변화를 불러일으킬 것으로 예상한다. 이미 전 세계 여러 국가에서 토지·주택·차량 관리, 선거 및 투표 관리, 의료정보 관리 등 다양한 공공서비스 영역에 블록체인 기술을 적용하기 위한 검토 작업을 진행 중이다. 그동안 공공서비스는 정부에 의해 중앙 집중적으로 제공되어왔다. 그러나 향후 블록체인 기술이 확대 적용되면 정부 예산의 투명성이 제고되고, 전 국민을 대상으로 정부가 보유하고 있는 정보를 공유하는 것을 지향하는 '공유 정부'

의 모습으로 각국의 정부 형태가 변화될 전망이다.

특히, 영국 정부는 최근 과학부로부터 블록체인에 관한 보고서를 전달받고, 현장 적용을 위한 구체적인 검토에 들어간 상황이다. 보고서에 따르면, 비트코인에서 시작된 블록체인이 일반 행정업무는 물론이고, 각종 공공서비스 분야에 일대 혁신을 가져올 것으로 예상한다. 블록체인을 활용하면 각종 공과금 및 과징금의 징수, 납세, 공공서비스 관련 시민행정, 여권발급, 토지 등기 내역 등 일선 공공업무와 기록들을 통합관리할 수 있고, 인건비와 서버관리비 등 운영비용을 크게 절감할 수 있다. 또한, 관련 정보에 대해 제3자도 확인이 가능하므로 관리의 투명성이 향상될 수 있으며, 블록체인을 이용해 진료기록 등 의료서비스의 내용을 통합 관리할 경우 개인정보 보호는 물론, 공공부조와 같은 의료행정의 효율성도 추구할 수 있을 것으로 기대한다.

공인인증서로는 부족하다.
'사이버 보안'

#초연결사회, 중요해지는 사이버 보안

다양한 스마트기기를 사용하면서 사이버 보안에 대한 인식은 더욱 중요해지고 있다. 스마트폰과 노트북뿐 아니라 가정에서 사용하고 있는 홈CCTV와 홈패드 등 역시 사이버 공격의 위협에 노출되어 있기 때문이다. 초연결사회에서는 더더욱 사이버 보안에 대한 인식이 중요하게 작용할 것이다. 사이버 보안이란 사이버상의 범죄, 테러, 해킹 목적의 접근 및 스파이 행위 등으로부터 정보, 시스템, 네트워크를 보호하는 IT 솔루션으로 네트워크 보안, 데이터 보안, 신원 및 접근관리, 엔드포인트 보안, 어플리케이션 보안, 클라우드 보안으로 세부 분류된다. 이런 사이버 보안은 인터랙 시대에 새로운 사이버 보안 거버넌스로 방향 전환이 시급하다.

현 사이버 보안정책은 개별 시스템을 보호하는 구조다. 사물인터넷 기기가 모두 연결되는 인터랙 시대는 전체를 통합 보호하는 대책이 필요하다. 모든 사물이 인터넷으로 연결되는 초연결사회로 진입이 급속하게 진행됨에 따라 사이버 보안 산업 시장은 어떤 산업보다 가파르게 성장하고 있다. 사이버 보안은 단순한 산업의 영역을 벗어나 국가안보와 국민생명이 직결된 핵심기간 산업으로써 중요성이 부각하는 추세이며, 주요 선진국들은 정부 주도하에 사이버 보안 산업 경쟁력 확보에 총력전을 펼치고 있다. 그러나 우리의 경우 투자 부족, 내수 위주 사업, 미래 기술 확보 부진 등으로 급성장하고 있는 글로벌 사이버 보안 시장 경쟁에서 뒤처지고 있다. 따라서 향후 인터랙 시대에 사이버 보안의 방향성에 대해 알아보려고 한다.

#사이버 보안 얼마나 심각한가

세계가 디지털화됨에 따라 사이버 범죄자는 컴퓨터 사용자를 최우선 대상으로 삼게 됐다. 과거 10년간 홍수 등 재난재해로 우리나라가 입은 피해 규모가 1조 7,000억 원 수준이지만, 같은 기간 사이버 해킹으로 입은 피해는 3조 7,000억 원 규모로 추정된다. 개인과 기관, 각 국가는 사이버 보안과 관련해 막대한 예산을 지출하고 있다. 2014년에는 711억 달러로 2013년 대비 7.9% 증가했고, 2015년에는 750억 달러였던 사이버 보안 지출이 2018년에는 1,010억 달러에 이른 것으로 추정된다. 최근 나온 보고서에는 2026년까지 약 3,454억 달러까지 시장 규모가 커질 것으로 예상한다. 이것은 단순 추정치일 뿐이지만, 앞으로 사이버 보안과 관련한 중요도와 시장 규모는 얼마나 더 커질지 쉽게 예측하기 어려운 부분이다.

#사례로 보는 사이버 보안 사례

2016년 12월 21일 가장 큰 규모의 디도스 공격

디도스(DDos) 공격에 사용된 악성코드는 '미라이(Mirai)'로, 보안이 취약한 사물인터넷 기기를 좀비로 만들어 네트워크상에서 해커가 마음대로 제어할 수 있게 하는 봇넷(BotNet)의 일종이다. 관리자 계정 설정이 취약한 IoT 단말에 초기 패스워드를 이용해 로그인 시도 및 접속해 악성코드를 전파하고, 악성코드에 감염된 IoT 기기는 공격자의 명령에 따라 디도스 공격을 수행한다. 미국의 대표 인터넷 호스팅 서비스업체가 분산 서비스 거부 공격(DDoS)을 받아 트위터, 아마존, 넷플릭스, 뉴욕타임즈, 페이팔 등 수십 개의 대형 인터넷 웹 사이트들이 수 시간가량 마비되는 대규모 사고가 발생하기도 했다. 국내에서는 2009년 언론사에 대한 무차별적인 대규모 디도스 공격으로 인해 언론사 웹 사이트 접속이 불가능해진 것은 물론, 일부 언론사의 사진과 영상 자료가 무차별적으로 삭제된 사례도 있다.

악성코드 배포

악성코드 은닉 사이트란 이용자 PC를 악성코드에 감염시킬 수 있는 홈페이지로, 해킹을 당해 악성코드 자체나 유포 주소(URL)를 숨기고 있는 페이지다. 2014년에 배포된 악성코드의 유형으로는 정보 유출이 33%로 가장 높았고, 금융권 사이트 파밍 악성코드(19%), 원격제어 악성코드(18%), 다른 악성코드를 추가 다운로드하는 PC용 악성코드인 드로퍼(15%), PC 정보 유출 악성코드(7%), 기타(8%)순으로 배포됐다.

결국 예방이 답이다

① 기업 투자 필요

사이버 테러로 인한 피해가 급증하고 있지만, 아직 많은 기업이 사이버 보안에 대한 중요성을 인식하기만 할 뿐 실제 보안 인식 제고와 보안에 대한 투자를 실행하지 않고 있다는 게 문제다. 현재 사이버 테러의 위험성을 각 기업에서 자각하고 필요한 부분에 대해 투자가 필요할 것이다.

② 정보보안 전문가 양성 환경 조성 절실

해외의 전문가 양성 사례를 보면, 미국은 2010년 '사이버 보안 교육 계획'인 NICE(National Initiative for Cybersecurity Education)를 공표하는 등 사이버 보안 인력 양성에 주력하고 있다. 영국은 정보안보국 정보통신본부 산하의 정보보호 전문 기관인 전자통신보안그룹(CESG,

Communications Electronics Security Group)이 있어서 사이버 보안 전문인력 수요 증가에 대응하기 위해 사이버 보안 전문가 인증제도를 시행하고 있다. 하지만 우리나라는 정보 보안 인력양성 환경이 갖추어져 있지 않다. 그러므로 향후 정보보안 인력의 공급 및 양성을 위한 다양한 교육과정을 만들어야 할 것이다.

③ 사이버 보안 영역의 세분화와 통합된 관리 필요

사물인터넷(IoT)과 클라우드로 대변되는 IT 변화의 시대를 맞아 다양한 플랫폼과 서비스에 따른 세분화한 보안 요구가 증가할 것이다. 그리고 각각의 환경에 적합한 보안 기술과 솔루션을 선택해 나가며 발전시켜야 한다. 그리고 각각 세분화되어 있는 보안의 영역을 전체적으로 관리 및 모니터링하며, 이를 토대로 실질적이고 효과적인 대응을 수행할 수 있는 통합 보안에 대한 요구를 구체화시켜야 할 것이다.

#인터랙 시대 변화하는 보안요구사항

보안의 관점 변화

보통 새로운 IT 기술이 등장하게 됐을 때 그와 관련된 신종 보안 위협들이 나타나고, 이에 대응하기 위한 보안 기술들이 개발된다. 하지만 4차 산업혁명 시대의 도래는 단순히 신기술만의 등장이 아닌 산업구조의 변화에 따른 혁신이다. 따라서 보안의 대상 범위가 기존보다 대폭 커질 것이며, 확대될 것이다. 4차 산업혁명의 핵심 기술들이 안전하게 자리 잡기 위해서는 단순한 데이터 보호가 아닌, 사람과 환경에 대한 안전까지 고려해야 하는 전체적인 보안 패러다임의 변화를 인식하고 대응해야 할 것이다.

사물인터넷(IoT) 보안 위협 대응방안 마련

인터랙 시대는 4차 산업혁명 시대와 마찬가지로 여러 사물이 연결되는 초연결사회가 될 것이다. 초연결사회는 사용자에게 있어 높은 활용 가치와 삶의 질을 향상해줄 것이다. 하지만 아직 IoT와 관련된 보안 기술 및 대응방안이 미흡하며, 현재도 사물인터넷 기기를 타깃으로 한 다양한 해킹 공격들이 많이 발생하고 있다. 이에 대한 대책으로는 우선 정보보호와 프라이버시 강화를 고려한 IoT 제품 및 서비스 설계가 필요하며, IoT 제조사는 제품과 서비스의 설계 단계에서부터 기술적인 보안 취약점 및 개인정보 침해 위협 요인들을 분석해 이를 보완하고 강화해 나갈 수 있는 기술을 적용해야 한다.

대응기술의 적극적인 활용

하루가 다르게 사이버 보안 위협이 진화하고 있으며, 앞으로 4차 산업혁명 시대에는 신기술들의 취약점을 노린 해킹 공격들이 많이 발생할 것이다. 더욱 지능화된 다양한 사이버 보안 위협들이 발생할 것이다. 그러므로 인공지능 기술을 활용해 새로운 공격 패턴에 대한 학습 및 분석을 하고, 이를 통한 위협 탐지 및 예방 등이 필요하다. 따라서 이와 같은 대응기술의 적극적인 활용을 통해 나날이 발전하는 보안 위협에 대응할 필요가 있다. 더욱이 인터랙 비즈니스 시대의 경우 상호 소통이 강화되는 만큼 정보와 자료를 주고받는 상황에서의 보안은 더욱더 강화되어야 할 것이다.

블랙핑크가 가상공간 속으로,
'메타버스'

#공상 과학이 현실이 되는 세상 '메타버스'

인터랙 비즈니스에서 앞으로 가장 발전이 이뤄질 분야로 꼽히는 것이 바로 메타버스 시장이다. 메타버스(Metaverse)는 그동안 우리가 알고 있던 가상세계와는 다른 개념이다. 메타버스는 디지털 기술이 만든 '3차원 가상세계'를 말한다. 즉 초월(beyond) 또는 변이(trans)라는 의미를 담고 있는 메타(Meta)와 현실세계인 우주(Universe)를 합성해 만든 신조어다.

메타버스 공간 안에서 가장 중요한 것은 바로 상호 간 교류, 즉 소통이다. 그전처럼 온라인상에서의 일반적인 정보 제공이 아닌 소비자가 직접 참여하는 시스템으로 만들어지기 때문이다. 이 때문에 향후 온택트 시대에서 인터랙 시대로 가기 위한 시작이 바로 메타버스라고 말할 수 있을 것이다. 가상의 공간이지만 그야말로 기업과 소비자가 연결될 수 있고, 소비자들 간 상호 금전적 거래도 가능한 곳이 바로 메타버스 공간이다.

#VR·AR 기술은 메타버스를 위한 기술

실제 현실과 가상현실이 상호작용하는 세계, 즉 '메타버스'를 제대로 구현하기 위해선 VR(가상현실)·AR(증강현실)과 같은 그래픽 기술, 클라우드와 같은 데이터 처리 기술, 5세대 통신(5G)과 같은 초고속 통신망 기술이 필수적이다. 결국, 메타버스란 최첨단 IT 기술이 집약된 일종의 '기술 경연장'이며, 이를 잘 알고 있는 마이크로소프트·구글·아마존·엔비디아 등 글로벌 주요 테크 기업들이 이 무대에 모두 뛰어들어 메타버스 시대의 주인공을 자처하고 있다. 국내에서는 네이버를 비롯해 최근 홀로그램 기술을 바탕으로 유니콘 기업으로 인정받은 쓰리디팩토리 등의 회사가 메타버스 시장에서 기술 우위를 점하고 있다.

#BTS·블랙핑크 공연 이젠 안방서 본다

초현실세계 메타버스의 활용처는 무궁무진하다. 코로나19 팬데믹 이후 사실상 K팝 콘서트가 열리지 못하고 있는 상황에서 BTS나 블랙핑크의 공연을 메타버스로 구현해 현장에서 즐기는 듯한 몰입감 있는 공연을 보여줄 수도 있다.

페이스북은 차세대 VR 헤드셋 '오큘러스 퀘스트2'를 통해 이미 가상현실 속 사무실과 피트니스 센터를 구현했다. 몸은 집에 있지만, 헤드셋을 쓰는 순간 정신은 사무실로 출근해 가상세계 속 회의에 참석할 수 있다. 동료들도 같은 기기를 끼고 있다면 이젠 재택근무와 출근의 구분도 무의미해진다. 소파에 누워서도 가상현실 속 아바타에 정장을 입혀놓고 진지한 회의에 참석할 수 있는 세상이 왔다. 똑같은 홈트레이닝이라도 유튜브를 보며 혼자 따라 하는 대신 가상현실 속에서 다른 사람들과 함께 땀 흘리며 운동하는 경험이 가능해진다. 초현실사회의 키워드는 바로 초연결이다. 시간과 공간의 제약을 받지 않는 그런 사회가 다가오고 있다. 코로나19로 인해 그 속도는 더 빠르게 가속화되는 실정이다. 대기업들은 이미 앞다퉈 메타버스로 채용 설명회와 면접을 진행하고 있고, 순천향대학교는 신입생 입학식을, 단국대학교의 경우 신입생 환영회를 메타버스 공간에서 진행하고 있다.

#세계는 지금 메타버스 앓이

2020년 3월에 로블록스(Roblox)의 상장이 진행되면서 메타버스라는 관념이 널리 알려지게 됐다. 현재 메타버스는 유저 연령층, 가입자 수 증가 추이, 선순환 생태계 조성 등 차세대 플랫폼으로서의 조건을 갖추었다. 메신저 → SNS → 동영상으로 이어져 온 주도 플랫폼의 역사를 이을 것으로 기대된다. 현재 메타버스는 생태계 구축 → 콘텐츠 고도화 →

수익화 모델 강화 → 플랫폼 카테고리 확장이라는 플랫폼의 정석적인 성장패턴에서 생태계 구축 단계에 있다.

메타버스에서 제공되고 소비될 것으로 전망하는 콘텐츠는 메타버스 운영의 메인 캐릭터로서 역할을 하고, 동시에 유저와의 다리 역할을 하는 메타 휴먼에서 창조되는 콘텐츠, 현실에서 소비되던 콘텐츠가 AR(증강현실)/VR(가상현실)/XR(혼합현실) 등과 결합해 디지털로 재창조된 콘텐츠 등이 있다. 팬덤과 커뮤니티 그리고 구독 경제 시스템의 구축 정도 등에 따른 소비 지속성이 높은 엔터테인먼트, 트레이닝, 교육 분야가 핵심 부가 콘텐츠로 성장할 것으로 기대한다.

#메타버스가 중요한 이유는 바로 MZ세대가 주인공이기 때문

메타버스가 차세대 플랫폼으로 성장하기 위한 가장 중요한 조건은 젊은 유저층이다. 모든 플랫폼은 초기부터 전 연령층이 즐기기 쉽지 않다. 젊은 유저층이 즐기고 활용도가 높아지게 된다면, 이러한 흐름이 다른 연령대로 확산하는 움직임을 보이게 된다. 메신저, SNS, 유튜브 등 다양한 플랫폼들이 이와 같은 흐름을 보여왔다.

실제로 최근에 가장 높은 가치를 인정받는 동영상 플랫폼들은 2010년대 중반까지만 하더라도 SNS나 메신저에 비해 젊은 연령대를 중심으로 구성되어 있었다. 하지만 5년이 지난 현재는 다양한 연령층에서 활용되고 있으며 콘텐츠의 생산, 소비가 크게 확대되고 있다. 젊은 유저층이 중요한 이유는 빠른 유저 지표 상승이 가능하기 때문이다. 다만 플랫폼 초창기에는 빠르게 늘어난 만큼 빠르게 감소할 가능성도 존재한다. 많은 초기 플랫폼들이 젊은 유저층의 트렌드 변화에 민감하게 반응하는 이유다. 더불어 젊은 유저층의 락인(Lock in) 효과는 10년 이후의 수익성 확대를 기대할 수 있다. 20대에 주력으로 사용했던 플랫폼은 향후 시간이 지나도 일정 수준 이상으로 활용되기 때문에 구매력을 갖춘 시점에 진입하게 되면 수익화 모델이 크게 활용될 수 있다. 이에 따라 각 플랫폼은 미래수익원이 될 수 있는 젊은 유저 비중을 일정 수준 이상 유지하기 위해 투자와 콘텐츠 추가 등을 진행하고 있다.

메타버스의 대표라고 할 수 있는 로블록스나 국내의 제페토(ZEPETO)는 이러한 흐름을 잘 따라가고 있다. 로블록스는 2020년 기준, 13세 미만이 175만 명을 기록하고 있으며, 전체 DAU의 53.7%를 차지하고 있다. DAU가 매년 폭발적으로 늘어나는 데도 이러한 어린 유저 비중이 잘 유지된다는 것은 추가 성장에 대한 기대감을 준다. 제페토 역시 누적 가입자 기준 80%가 10대 이용자로 구성되어 있다. 이러한 젊은 연령층이 주력층인데도 로블록스는 2020년에 매출 1조 원을 달성하기도 했다. 이런 경제성을 파악한 세계 유수의 기업들은 앞다퉈 메타버스 시장에 진출하고 있다. 나이키는 메타버스 안에서 캐릭터들이 신을 수 있는 메타버스 전용 신발을 디자인하고, 구찌 등 명품업체들 역시 가상 캐릭터에게 입힐 수 있는 의류를 디자인해 판매하는 상황이다.

#다양한 메타버스 플랫폼 맛보기

로블록스

로블록스는 사용자가 직접 게임을 프로그래밍하고 다른 사용자가 만든 게임을 즐길 수 있는 플랫폼이다. 블록으로 구성된 3D 가상세계에서 아바타로 구현된 개인들이 소통하며, 현재 미국 청소년들의 대표 플랫폼으로 포지셔닝했다. 미국 Z세대의 55%가 가입해 누적 플레이 타임 306억 시간, MAU 1.5억 명, 하루 4천만 명의 이용자가 플랫폼에 접속하고 있다. 사용자가 직접 간단한 코딩을 통해 게임을 제작하고, 현재 4천만 개 이상의 게임이 업로드되어 있으며, 어드벤처 롤플레잉 액션 슈팅 등 다양한 장르의 게임이 존재한다.

로블록스가 차별화되는 점은 로벅스(Robux)라는 가상화폐를 통해 경제활동이 가능하다는 점이다. 사용자가 서비스를 이용하기 위해서는 가상화폐인 로벅스를 사거나 로벅스 프리미엄이라는 구독 서비스를 이용해야 한다. 이러한 점에서 광고가 주요 수입원인 타 플랫폼보다 비즈니스 모델을 확실하게 구축했다. 로벅스로 각종 아이템이나 감정표현 이모티콘을 구매할 수 있다. 반대로 본인이 만든 게임의 게임패스가 판매되거나 패션 아이템이 판매되면 로벅스 획득이 가능하다. 현재 100로벅스가 약 1.2달러 정도의 가치를 지니고 있다. 개발자는 100로벅스당 35센트의 수익 배분을 받게 된다. 이러한 생산활동을 통해 125만 명의 크리에이터가 작년 3.3억 달러를 벌었으며, 이 중 1,200명의 탑 크리에이터는 1만 달러 이상을 벌어들인 것으로 사측은 파악한다.

제페토

제페토는 얼굴 인식과 증강현실 등을 이용해 아바타와 가상세계를 만드는 플랫폼이다. 글로벌 누적 이용자 수 2억 명 전체의 80%가 10대, 90%가 글로벌 이용자로 미래의 핵심콘텐츠 소비층인 10대를 중심으로 글로벌 SNS의 한 장르로 포지셔닝하고 있다. 제페토는 하이브, 빅히트와 YG로부터 120억 원, JYP로부터 50억 원 투자 유치에 성공하며, 글로벌 아티스트 IP를 활용해 사용자들을 락인할 만한 콘텐츠를 생산하고 있다. 2020년 9월에는 블랙핑크와 셀레나 고메즈(Selena Gomez)가 콜라보한 곡의 아바타 퍼포먼스 뮤직비디오를 제페토에서 최초 공개해 해당 영상이 1억 뷰를 달성했다. 해당 뮤직비디오 촬영장을 3D로 구현한 제페토 월드에는 누적 140만 명이 방문했다. 또한, BTS 캐릭터인 BT21의 다양한 의상과 액세서리를 착용하고 BT21 월드의 체험이 가능하다. 제페토가 인기인 이유는 아바타로 소통하는 방식에 있다. Z세대는 대부분 자신이 원하는 모습을 아바타에 반영해 이상적인 아이돌 화장법부터 명품, 의상, 신발 등을 아바타에 적용해 대리만족한다. 브랜드 광고주들은 제페토를 브랜드 홍보 창구로 적극적으로 활용해 크리스찬 루

부탱은 2021년 9월, 제페토에서 21 SS 신상 컬렉션을 최초 공개했다. 구찌는 60여 종의 아이템을 출시하며, 올해 신상품 일부를 공개하기도 했다. 사용자가 자유롭게 콘텐츠를 창작하고 공유하는 특성 덕분에 제페토 내부에서 생성된 창작 콘텐츠는 10억 건 이상이다. 내가 꾸민 아바타를 주인공으로 드라마를 제작해서 제페토 스튜디오를 통해 사용자가 직접 아바타의 패션 아이템을 디자인하고 판매해 지난해 6만 명 이상이 활동했고 총 거래액은 8억 원을 상회한다. 일방적으로 제공받는 콘텐츠가 아닌 사용자의 직접 콘텐츠 참여를 통해 몰입 효과를 높이며 락인 효과를 불러일으켰다. MZ세대에게 게임 그 이상의 콘텐츠를 즐기는 문화 공간으로 포지셔닝한 대표적인 사례다.

포트나이트

포트나이트는 아바타를 조종해 상대방과 싸우는 배틀 로열 게임이다. 글로벌 이용자 수 3.5억 명, 미국 MZ세대 40%가 매주 한 번 이상은 접속해 전체 여가의 25%를 사용할 정도로 인기가 높다. 포트나이트가 메타버스의 장으로 떠오르게 된 원인은 친목을 다질 수 있는 가상공간인 파티 로열 모드 때문이다. 이 모드에서 트래비스 스캇(Travis Scott)이라는 미국 유명 래퍼가 온라인 콘서트를 개최해 동시 접속자 1,230만 명이라는 기록을 세우기도 했다. 또한, 게임 속 굿즈 판매로 2,000만 달러가 넘는 수익을 창출했다. BTS도 지난 9월, 〈다이너마이트〉 안무 버전 뮤직비디오를 포트나이트 파티 로열 모드에서 최초 공개한 바 있다. 접속자들은 이모트 일종의 이모티콘을 구매해 아바타가 춤을 추거나 특정 행동을 취할 수도 있다. 이모트의 경우 2종 모션을 8천 원 정도에 출시하고 있다.

디센트럴랜드

2015년에 설립되어 2020년 2월에 정식 오픈한 탈중앙화 블록체인 기반 VR 플랫폼이다. 유저들이 자유롭게 콘텐츠를 경험하고 수익을 창출하며, 암호화폐를 토대로 메타버스 경제가 작동되고 있다는 점이 특징이다. 사용자는 탐색, 생성, 게임플레이, 웨어러블 수집, 창작물 수익화 3D 건축 기술을 활용해 이용자가 직접 랜드 구획된 땅을 소유 관리하며 관련 생태계를 형성할 수 있다. 가상현실 내에는 콘텐츠 구분을 위한 지구가 존재하며, 카지노, 사이버 펑크, 쇼핑, 교육, 게임, 음악, 비즈니스 등으로 구분된다.

Part 2.

인터랙 비즈니스 콘텐츠

아무리 좋은 기술이 있어도 그 기술을 활용하지 못한다면 세상에 필요 없는 기술이 된다. 콘텐츠란 바로 기술력이 세상에 빛을 볼 수 있도록 만들어주는 하나의 도구와 같다. 인터랙 시대에 핵심 기술을 바탕으로 우리 실생활에서 볼 수 있는 다양한 콘텐츠를 중심으로 구성했다. 어렵게만 느껴진 기술 이론을 이번 장을 통해 우리 생활과 밀접한 연관 있는 주제들로 쉽게 설명하려 노력했다.

```c
                                    const xmlChar *name,
                                    const xmlChar **attributes)
{
    Context *context = (Context *)voidContext;

    if (COMPARE((char *)name, "TITLE"))
    {
        context->title = "";
        context->addTitle = true;
    }
    (void) attributes;
}

//
//  libxml end element callback function
//
static void EndElement(void *voidContext,
                       const xmlChar *name)
{
    Context *context = (Context *)voidContext;

    if (COMPARE((char *)name, "TITLE"))
        context->addTitle = false;
}

//
//  Text handling helper function
//
static void handleCharacters(Context *context,
                             const xmlChar *chars,
                             int length)
{
    if (context->addTitle)
        context->title.append((char *)chars, length);
}

//
//  libxml PCDATA callback function
//
static void Characters(void *voidContext,
                       const xmlChar *chars,
                       int length)
{
    Context *context = (Context *)voidContext;

    handleCharacters(context, chars, length);
}

static void cdata(void *voidContext,
                  const xmlChar *chars,
                  int length)
{
    Context *context = (Context *)voidContext;

    handleCharacters(context, chars, length);
}

static void StartElement(void *voidContext,
                         const xmlChar *name,
                         const xmlChar **attributes)
{
    Context *context = (Context *)voidContext;

    if (COMPARE((char *)name, "TITLE"))
    {
        context->title = "";
        context->addTitle = true;
    }
    (void) attributes;
```

집에 과학 기술을 더해
더욱 스마트하게. '스마트홈'

#인구 감소에 따른 필연적 선택 '스마트홈'

우리나라는 2017년부터 생산가능인구가 감소하기 시작했다. 고령화에 따른 성장세 변화는 완만하게 진행되는 것이 일반적이지만, 15~64세 생산가능인구가 감소하는 단계에 이르면 변화속도가 빨라지는 경향이 있다. 생산가능인구 감소를 경험한 국가들의 평균 성장률은 감소 시점을 전후해서 급격하게 낮아졌다. 우리나라 역시 마찬가지다. 늦어지는 초혼 연령과 출산율 감소는 우리 사회를 점차 고령화 사회, 마이크로 사회로 이끌고 있다. 행정안전부의 주민등록인구 통계를 보면, 2019년 5,184만 9,861명을 정점으로, 2020년에는 5,182만 9,023명으로 인구가 감소하기 시작했다. 인구 자연 감소가 빠르게 진행되면서 총인구 감소 속도는 더 가팔라질 것으로 보인다. 이렇게 되면 내수위축, 지방소멸 등 인구오너스가 향후 한국의 경제사회 전반에 큰 위해요소가 될 수 있다.

이런 사회에서 주목받는 것이 바로 1~2인 가구다. 혼자 사는 가구가 늘어날수록 스마트홈 시장은 커지게 될 것이다. 과거 가족들이 분담했던 업무를 사실상 스마트기기들이 대신하게 되는 셈이다.

#스마트홈에는 어떤 기기가 사용될까?

1~2인 가구의 증가로 과거 가족이 담당하던 일을 대신해주는 스마트기기가 등장하기 시작했다. 홈CCTV(이동형 AI), 도어캠, 도어락 카메라, AI 스피커, 인공지능 로봇, 홀로그램 AI 동거 등 사물인터넷(IoT)을 활용한 제품 및 서비스의 등장이 대표적이다. 사물인터넷을 기반으로 스마트 디바이스와 사용자와의 인터랙션을 통한 초개인화된 환경이 구축되기 시작했다. 국내에서는 IPTV 시청자들을 중심으로 SKT의 '누구', KT의 '지니', LG유플러스의 '클로버' 등이 빠른 속도로 보급되고 있다.

#미국에선 이미 보편화된 스마트홈

해외의 경우 대부분 사용자가 스마트홈 기기를 구입해 기존 주택에 적용하는 방식이 일반적이다. 구글은 IoT 플랫폼인 안드로이드 싱스(Android Things)와 인공지능 구글 어시스턴트, 아마존은 IoT 플랫폼인 아마존 대시(Amazon Dash)와 인공지능 알렉사 등의 스마트홈 기술이 상용화되어 널리 이용 중이다.

　스마트 온도 조절기 실내의 온도를 조절하는 에어컨이나 선풍기 등과 같은 여러 가지 장치들과 연계 통합해 적절한 온도 조절 기능을 할 수 있는 체계를 구축한다.

　스마트 플러그와 스위치 가전제품을 원격 또는 자동으로 스마트하게 사용할 수 있게 한다.

　스마트 누수 감지기 배관에서 물이 새거나 넘치는 것을 감지해 알린다.

　로봇 청소기 스마트폰을 통한 원격 조정이 가능하고, 실내 구조를 매핑함으로써 청소의 효율을 높인다.

　주택 경비 동작 감지 센서 등을 이용해 문의 개폐 여부 등을 모니터링하고 알람한다.

　보안카메라 주택의 실내외 상황을 원격 모니터링해 클라우드 저장 공간에 영상을 저장하고, 동작 감지에 의한 경고나 안면 인식 기능을 포함한다.

　스마트 스피커 와이파이나 블루투스 등 무선 네트워크로 연계된 오디오나 TV뿐만 아니라 여러 디바이스를 음성 명령으로 조작한다.

　삼성과 LG도 본격적인 사업에 나섰다.

삼성전자

- 홈 IoT 기술과 음성인식 기술인 빅스비를 연계했다.
- 모든 IoT 서비스용 클라우드를 스마트싱스(Smart Thinks) 클라우드로 통합했다.
- 모바일용 스마트싱스 앱을 통해 자사의 모든 IoT 제품을 연결해 제어한다.
- 스마트싱스를 허브로 연결해 제어할 수 있는 기기는 200여 개, 기업은 2,500여 개 제품으로 확대했다. TV를 매개로 보안 카메라, 스마트 조명, 셋톱박스 등을 블루투스 와이파이 신호로 연동 제어 가능한 환경을 구축, 진행하고 있다.
- 최근 독일 가전업체 보쉬와 파트너십을 체결하고, 양사의 가전제품과 스마트홈 플랫폼을 호환할 수 있다.

LG전자

- 오픈 파트너십, 오픈 플랫폼, 오픈 커넥티비티 등 3대 개방 전략을 세우고, 다른 기업들의 제품군들과 호환을 가능하게 함으로써 확장성을 높였다.
- 아마존 알렉사, 구글 구글홈 네스트, KT 기가지니 등 AI 스피커와 연동해 연결성을 확장했다.
- 스마트폼 플랫폼인 스마트씽큐(SmartThinQ)를 기반으로, 모바일 앱인 LG 스마트씽큐 앱에서 제어 연동한다.

스마트홈으로 설계해서 짓는 사례다.

GS/포스코 건설

- 카카오가 개발한 인공지능 플랫폼인 카카오 아이를 기반으로 스마트홈 시스템을 구현한다.
- 카카오 아이는 음성인식 기술을 바탕으로 한 통합 인공지능 플랫폼이다. 주요 기술로는 사물인식기술과 대화형 엔진, 자연어 추리 기술 등이 들어가 있다.
- GS 건설은 아파트의 다양한 설비들을 제어하고 거주자의 주거 패턴 빅데이터를 학습해서 주거 생활을 지원하는 차세대 인공지능 아파트를 개발하고 있다.
- 카카오아이가 적용되는 자이에는 월패드 스마트폰 인공지능 스피커인 카카오미니로 조명, 가스, 냉난방, 환기 등 각종 기기를 제어한다.
- 포스코건설은 대화형 스마트 더샵 아파트를 구현했다.

현대건설/현대산업개발/SK건설

- SK 텔레콤의 IoT 스마트홈 기술을 도입해 시스템을 구현했다.
- SKT는 나를 이해하는 똑똑한 서비스, 가족 케어 서비스, 안전지킴이 서비스, 절약 서비스 등과 같은 분류로 스마트홈 기기를 개발, 공급하고 있다.

삼성물산

- 현관에는 날씨 정보와 연계해 미세먼지를 세척해주는 에어샤워 시스템이 있고, 가족 구성원 개별 맞춤형 정보를 제공하는 스마트미러 시스템을 설치했다.

- 주방에는 음성 인식을 통해 각 가전기기를 제어하고, 인공지능을 통한 레시피를 제안하며, 렌지 후드의 미세먼지 감지 시스템을 통해 요리 중 자동 환기 시스템을 작동한다.

- 거실에는 에너지 알람 등의 정보를 모니터링하고, 손동작만으로 커튼을 열고 닫을 수 있는 동작 인식 시스템을 적용했다.

- 휴식 등 개인이 선호하는 모드 등록 시 말 한마디로 에어컨이 켜지고, 조명이 조절되는 등 자동 제어 시스템을 설치했다.

- 안방은 고객의 상황을 자동으로 인지해 맞춤형 환경을 구현한다.

DL이앤씨

- 자체 기술 기반으로 AI 주차유도 관제 시스템, 무선스위치, 온도조절기, 스마트 도어폰 관련 분야 특허를 출원하고, 2021년 하반기부터 e편한세상 단지에 순차 적용하고 있다.

- AI 주차유도 관제 시스템 : 입주민의 차량 진입 시 사전에 저장된 차량 정보를 분석해 거주하고 있는 동에서 가장 가까운 주차공간을 스마트폰이나 전광판을 통해 안내한다. 주차 종료 시 스마트폰이나 가구 내 월패드에서 주차 위치를 확인해준다.

- 무선스위치, 온도조절기 : TV 리모컨처럼 편하게 들고 이동하며 조작이 가능한 동시에 원하는 곳에 탈부착이 가능하다.
- 스마트 도어폰 : 더 넓은 화각 촬영이 가능한 카메라를 적용해 사각지대를 해소한다. 사물인식 기능을 추가해 현관 앞에 택배 도착 시 스마트폰으로 알린다.

#스마트홈은 곧 소비의 시작

인터랙 비즈니스의 시작은 개인으로부터 나온다. 기업과 개인과의 소통 비즈니스인 셈이다. 이런 가운데 개인이 가장 먼저 소비활동을 시작하는 곳은 바로 집이다. 특히 코로나19의 습격은 우리의 생활을 한꺼번에 바꿔놓았다. 학교 대신 집에서 온라인 수업을 받고, 재택근무가 일상화됐으며, 점원이 없는 식당에서 기계로 주문한다. 더욱 당황스러운 것은 그동안 당연하게 여긴 것들이 더는 당연하지 않게 됐다는 점이다. 해외여행은 물론이고, 영화를 보거나 마트에서 장을 보는 소소한 일상마저 큰 용기가 필요한 일이 됐다. 이처럼 '집콕 라이프'가 지속되고 '사회적 거리 두기'가 생활화되면서 사람들이 소비를 줄이며 소비경제에도 변화가 생기기 시작했다. 집에서 모든 경제생활이 이뤄지는 이른바 '홈코노미(Home+Economy)'가 등장하면서 비대면 서비스업과 집콕문화가 호황을 누리고 있다.

홈코노미란 홈과 이코노미의 경제 합성어로 집이 단순한 주거 공간이 아닌 휴식, 여가, 레저를 즐기는 공간으로 확대되면서 집 안에서 이뤄지는 다양한 경제활동을 이르는 용어다. 홈코노미의 등장 배경에는 굳이 밖에 나가지 않고 집에서 여가생활은 물론, 소비활동까지 해결하는 홈족들의 증가가 자리하고 있다. 특히 최근 홈코노미족이 더 증가하고 있는 이유는 코로나19의 전 세계적인 대유행으로 인해 집에서 보내는 시간이 평소보다 더 증가했기 때문인 것으로 분석된다.

#언택트에서 온택트로

기존 언택트는 인건비를 줄이고 소비자에게 편의를 제공하는 것이 주된 양상이었다. 하지만 뉴노멀의 언택트는 코로나19 이후 새로운 삶의 방식과 사회 전반의 변화와 더불어 매우 일상적인 모습 중 하나가 되고 있다. 코로나 19가 종료된 후에도 언택트 생활 방식은 유지되고 확대될 것으로 예상된다. 이에 따라 기업들은 소비자와 소통할 수 있는 온라인 통로와 다양한 언택트 콘텐츠 개발이 필수 요건이 됐다.

이제는 사람 대 사람, 기업 대 기업 사이에서 언택트하는 가운데, 콘택트를 어떻게 만들어갈 것인지가 중요한 문제가 됐다. 이에 온라인을 통한 콘택트, 즉 온택트가 대두되는 것이다. 기업은 다방면의 온라인 채널을 통해 소비자와 양방향 소통할 수 있어야 하며, 소비자들이 직간접적으로 유의미한 경험을 할 수 있는 콘텐츠를 생산해야 한다.

#홈코노미 큰손 '홈루덴스족'

코로나 19 이후 하루 대부분의 시간을 집에서 보내는 경우가 많아지자 홈루덴스족이 생겨났다. '홈루덴스(Home Ludens)'는 '호모 루덴스(Homo Ludens : 놀이하는 인간)'에서 파생된 말로, 밖에서 활동하지 않고 주로 집에서 놀고 즐기는 사람들을 가리키는 신조어다. SNS로 일상을 공유하면 집에 있어도 외부에 나가 있는 것처럼 사람들과 소통하고 이야기를 나눌 수 있다. 갑갑한 코로나19도 집콕 놀이처럼 여기면 견딜 만하다. 인테리어 시장의 성장과 함께 홈루덴스족을 만족시킬 만한 실내 취미용품이나 생활용품 시장도 동반 성장했다. 그러다 보니 집에서도 취미와 여가를 즐길 수 있는 홈엔터테인먼트 시장이 확대되는 상황이다. 유튜브나 넷플릭스, 페이스북 등 스마트폰과 TV 등을 통한 온라인 동영상 서비스(OTT) 이용률이 급증했고, 음향 장비 매출도 증가했다. 더불어 홈카페족을 위한 커피나 디저트를 만드는 가전제품들의 판매도 늘었고, 집에서 즐길 수 있는 DIY형 취미용품들(십자수, 퍼즐, 미니어처 등)의 판매도 늘었다.

#'발품'보다 '손품'을 선호한다

코로나19로 인해 가장 눈에 띄는 변화는 바로 '언택트'다. 판매자가 소비자와 직접 대면하지 않고 상품이나 서비스를 제공하는 언택트는 키오스크, VR, 챗봇(Chat Bot) 등의 첨단기술을 등에 업고 더욱 확대, 발전되고 있다. 이러한 서비스는 이미 몇 년 전부터 도입되어 사용해오고 있었지만, '벌써 이렇게까지 해야 하나' 하는 의구심을 쉽게 떨쳐낼 수 없었던 것도 사실이다. 하지만 코로나 여파로 더는 선택이 아닌 필수가 됐고, 클릭만으로 상품을 구매하고 체험할 수 있는 새로운 소비 트렌드로 주목받고 있다.

온라인 쇼핑 & 배송 서비스

전염병을 경험하며 사람들은 건강을 고려한 미래지향적인 소비를 추구하게 됐다. 백화점, 대형마트와 같은 오프라인 매장은 감염을 우려한 사람들의 발길이 끊겼지만, 배달 앱과 빠른 배송 서비스를 활용한 온라인 쇼핑은 소비가 더욱 활발해지면서 희비가 교차하는 상황이다. 이러한 새로운 소비패턴은 변화에 민감한 젊은 층뿐만 아니라 온라인에 익숙하지 않았던 노년층에게도 급속히 확산하는 중이다. 단순히 밖에서 소비하던 것을 집으로 가져와 소비하는 것 이상의 새로운 가치를 창출해내는 것이 향후 시장 선점을 위한 필수 경쟁력이 될 것으로 보인다.

배달 애플리케이션 성장

배달 애플리케이션은 핸드폰으로 간편하게 음식을 주문하면 집으로 배달해주는 온라인 플랫폼이다. 1인 가구 수 증가로 가파르게 성장 중이다. 실제로 공정거래위원회가 발표한 자료를 살펴보면, 국내 배달 앱 시장 규모는 연간거래액 기준 2013년 3,347억 원에서 2018년 3조 원, 2020년에는 5조 원을 넘은 것으로 파악하고 있다. 이에 더해 2021년 사회적 거리 두기가 지속하면서 배달 애플리케이션의 사용은 더욱 급증한 상황이다.

간접체험 & 온라인 쇼룸

직접 매장을 방문하지 않고도 원하는 제품의 정보를 비교하고 구매하는 온라인 간접체험 소비가 늘어나고 있다. 이에 따라 각 기업은 단순히 모바일이나 홈쇼핑으로 안방 소비를 이끌어내는 수준을 넘어 라이브 방송이나 온라인 쇼룸 등으로 소비자가 원하는 정보를 원하는 시간에 활용할 수 있는 콘텐츠를 제공하며 집콕 소비층 공략에 나섰다. 특히, 가구 및 가전업체는 오프라인 공간을 이미지로 구현해 VR 화면에서 제품별 컬러, 소재, 크기 등을 확인해 직접 공간에 배치해볼 수 있도록 했으며, 온라인 라이브 방송으로 소비자와 소통하는 등 적극적인 마케팅을 시도하고 있다. 최근에는 SNS를 통한 마케팅도 적극적으로 펼치고 있다. 특히 의류 등의 경우에는 유명 인플루언서 등을 섭외해 자사의 제품을 품평하거나 직접 착용한 사진이나 영상 등을 올리는 방식이다.

이런 SNS 마케팅의 경우 새로운 마케팅 기법으로 자리 잡았다.

홈쿡 & 홈캠핑

재택근무 확산으로 회식문화가 사라지고 언택트 소비로 외식이 줄어들면서 배달음식에 대한 지출이 늘어남과 동시에 집에서 자신만의 방식으로 음식을 만들어 먹는 '홈쿡(home cook)'이 인기를 끌고 있다. 4백 번 이상 저어서 만드는 '달고나 커피', 1천 번 이상 저어서 만드는 '수플레 계란말이' 등 SNS를 통해 다양한 요리법이 시선을 끌기도 했다. 여러 가지 식재료를 비롯한 간편하게 만들어 먹을 수 있는 밀키트 상품이나 반조리 가정간편식, 동물 모양의 쿠키나 간식 등 아이들과 함께 만들어 먹을 수 있는 상품 등의 판매량도 증가했다.

이와 함께 집콕생활이 놀이문화로 발전하면서 거실이나 베란다에서 캠핑하는 '홈캠핑(home camping)'도 등장했다. 이에 발맞춰 실내텐트, 접이식 간이테이블, 휴대 의자 등 캠핑 분위기를 낼 수 있는 홈캠핑 관련 용품 판매도 함께 늘어나고 있다. 식품업계 역시 이런 변화에 발맞춰 집에서 간편하게 즐길 수 있는 가정용 캠핑 밀키트 등을 지속해서 출시하는 상황이다.

홈트 & 홈엔터테인먼트

집에서 여가생활을 즐기려는 집콕족이 늘어나면서 취미용품 판매

량도 빠르게 증가했다. 특히, 사람이 많이 모이는 영화관을 찾는 대신 DVD로 영화를 보거나 책을 읽어주는 CD를 찾는 소비자들이 늘어났다. 특히, 야외활동이 감소하며 콘텐츠로 즐거움과 만족을 찾는 소비자가 많아지면서 '넷플릭스', '유튜브' 등 온라인 동영상 서비스(OTT)를 이용한 영화나 TV 시청이 보편화되고 있다. 무엇보다 언택트 트렌드와 맞물려 OTT 서비스의 급속한 기술 발전이 이뤄지고 있어 향후 디지털 이용환경의 중심이 될 것으로 기대된다.

한편, 다중 이용시설인 헬스장이나 체육시설 등을 방문할 수 없게 되자 체중이 급격히 늘어 '확찐자'가 될 것이 두려운 사람들은 집에서 할 수 있는 운동을 시작했다. '홈트(home trainning)족'이 늘어나면서 아령이나 러닝머신 등의 운동기구와 다이어트 용품의 판매 증가는 물론, 집에서 쉽게 따라 할 수 있는 홈트 관련 유튜브나 블로그의 영상 이용률도 덩달아 높아졌다. 특히 유명 연예인이 아닌 유명 유튜버가 운영하는 채널 등의 경우 건당 수백만 건의 동영상 조회가 이뤄지는 등 홈트레이닝에 대한 열풍이 지속하고 있다.

홈트레이닝 수요 증가

홈트레이닝은 집과 운동의 합성어로 외출하지 않고 집에서 운동하는 것을 일컫는다. 이렇게 건강과 몸매 관리를 집에서 할 수 있는 홈트레이닝이 바로 홈코노미의 대표적인 사례다. 따로 헬스장을 가기보다는 집에서 운동기기들을 구비한 후, 인터넷 검색이나 유튜브를 통해서 집에서 운동하는 홈족들이 증가하면서 이에 대한 수요가 증가하는 추세다. 특히 코로나19로 인해 땀을 많이 흘리며 사람들과 직간접적인 접촉을 많이 하게 되는 헬스장이 정부의 권고에 따라 잠시 영업을 중단하면서 더욱 홈트레이닝에 대한 수요가 급증했다. 이에 따라, 짐볼, 스쿼트 머신, 근력 밴드 등 홈트레이닝 상품들도 주목받고 있다.

홈뷰티

1일 1팩 정도에 머물렀던 홈뷰티 시장 역시 급속도로 성장 중이다. 최근에는 전문 에스테틱이나 피부과를 방문해야지만 받을 수 있던 시술을 집에서도 가능하게 만들어준 다양한 기기들이 주목받고 있다. 레이저, 마사지, 제모 기기부터 LED 마스크까지 집에서도 전문적인 케어가 가능해졌다. LG경제연구소에 따르면 국내 가정용 뷰티 디바이스 시장은 매년 10%의 성장률을 보여 2018년에는 5,000억 원을 돌파할 정도로 커졌다. 향후 2022년에는 최대 1조 6,000억 원까지 시장이 성장할 것으로 예상된다.

#나를 위해 가치 소비한다

코로나가 지속하면서 평범한 일상은 중단되고 새로운 일상이 시작됐다. 사람들은 '함께'가 아닌 '혼자'에 익숙해지기 위해 노력했고, 그로 인해 자연스럽게 '집콕 트렌드'가 자리 잡게 됐다. '불가능한 홈(home)은 없다'라는 말처럼 랜선으로 촘촘하게 이어진 언택트 문화는 생활의 편리함을 가져다주었지만, 우울감과 외로움, 불안감 등 부정적인 감정 또한 경험하면서 이를 극복하기 위한 '나를 위한 가치 소비'가 새로운 트렌드로 떠오르고 있다.

편리미엄 & 셀프서비스

코로나로 인한 자영업자들의 고통은 계속되고 있지만, 소비자들의 소비 패턴은 점차 변하고 있다. 한 끼라도 소중한 행복을 찾으려는 소비자들은 '편리미엄'을 추구하며 소비 트렌드를 변화시키고 있다. 편리하다면 기꺼이 비용을 더 내는 소비 성향을 일컫는 '편리미엄(편리+프리미엄)'은 김밥 하나도 배달을 시키며, 부실한 즉석식품 대신 조금 비싼 간편식으로 끼니를 채우고, 수박 한 통이 아닌 조각 수박을 고르는 '편리 우선주의'다. 즉, '가심비(가격 대비 만족도)'를 충족한다면 기꺼이 지갑을 열 수 있다는 것이다.

이와 반대로 적은 비용을 들여 최대의 효과를 얻을 수 있는 셀프서비스에 대한 관심도 높다. 집 안에서의 활동이 다양해지면서 새로운 필요에 적합한 공간을 마련하기 위한 목적으로 직접 DIY 가구를 조립하거나 페인트칠을 하는 등 셀프 인테리어가 늘어나고 있다. 또한, 마스크 착용으로 인해 화장품 매출은 눈에 띄게 감소했지만, LED 마스크, 진동

클렌저, 각질 제거기 등 셀프 홈 뷰티 제품들은 인기가 높다. 이와 함께 필터 등을 주기적으로 배송받아 스스로 정수기를 관리할 수 있는 셀프 관리형 렌털 서비스도 점차 확대되고 있다.

플렉스 & 가성비

매일 아침 서울 유명 백화점 앞에는 명품을 사기 위한 긴 대기 행렬이 이어진다. 요즘 유통가의 가장 뜨거운 이슈 중 하나는 바로 플렉스다. 플렉스(flex)란 값비싼 명품을 과감하게 구매하는 소비문화를 말한다. 집에 머무는 시간이 길어진 사람들이 여가생활을 위한 소비를 늘리면서 조금 비싸도 나를 위해 소비하는 '코로나 플렉스'가 새로운 소비 트렌드로 등장했다. 실제로 코로나 이후 온라인을 통한 해외명품 구매가 늘어났으며, 프리미엄급 가전/가구에 대한 수요가 증가한 것으로 나타났다. 우울한 시기에 집 안에서의 시간을 좀 더 만족스럽게 보내고 싶은 소비자들의 욕구가 커지면서 코로나 플렉스는 더욱 확산될 것으로 보인다.

하지만 합리적인 소비자들은 플렉스보다는 가성비에 중점을 두었다. 재택근무가 시행되고 외출이 줄어들면서 신상 의류 대신 집에서 편안하고 부담 없이 입기 좋은 홈웨어나 트레이닝복이 인기를 끌고 있다. 잠시 바깥에 나갈 때 입기 좋은 후드티셔츠나 가벼운 외출에도 무리가 없는 이지웨어의 판매가 많이 증가하는 등 달라진 소비패턴을 보여주고 있다.

단순히 편리함을 제공하는 것을 넘어 건강과 재미를 추구하며 삶의 질을 높이기를 원하는 소비자들의 욕구를 충족시켜주는 것이 포스트 코로나 시대에 홈코노미 산업이 나아갈 방향이다. 새로운 소비 트렌드를 이끌며 끝이 보이지 않는 위기를 기회로 삼아 우리의 생활을 더욱 풍요롭게 가꾸어가는 지혜가 필요한 때다.

안전한 산업 현장을 만드는 기술 '스마트팩토리'

#좀 더 안전한 산업 생산 현장의 미래 '스마트팩토리'

스마트팩토리에 대한 통일된 정의는 없다. 기관에 따라 다르게 부른다. 독일 인더스트리 4.0 협회는 스마트팩토리를 공장 안의 모든 요소가 유기적으로 연결되어 지능적으로 운영되는 공장이라고 말한다.

우리나라 정부에서는 스마트팩토리를 외부 환경 변화에 공장 내 기기들이 즉각 반응해 자율적으로 최적 솔루션을 제안하는 시스템이라 정의하고 있다. 정의하는 바는 다르지만 대부분 생산성 향상, 에너지 절감, 인간 중심의 작업환경이 구현되고 개인맞춤형 제조, 융합 등 새로운 제조환경에 능동적으로 대응이 가능하다. CISCO는 스마트팩토리를 사물인터넷을 통해 더욱 지능적인 생산 설비 설계가 가능하며, 생산 환경 및 설비에 대한 제어력이 향상되는 공장이라고 정의했다. 딜로이트 안진은 감지, 판단, 수행 3가지 기능이 적용 및 일체화되어 유기적으로 연계되어 동작하는 공장을 스마트팩토리라 칭하고 있다.

스마트팩토리 구축은 공장 안의 영역과 공장 밖의 영역으로 나뉜다. 공장 안의 스마트팩토리를 달성하려면 장기적으로 꾸준히 노력해야 하지만, 진정한 스마트팩토리는 공장 밖의 영역과 연결되어야 한다. 공장 밖의 영역이란 시장 조사, 상품기획, 디자인, 물류, 서비스 등을 말한다. 이 부분들과 공장의 플랫폼이 연계해 즉각적으로 모든 정보의 연동이 가능해야 하며, 공장 밖의 데이터들과 인공지능을 통한 분석이 더해지면 개인화 요구 사항이 반영된 다품종 소량생산 방식이 가능해질 것이다. 기획·설계 단계에서 제품 제작 전에 CPS 등을 활용해 가상으로 시뮬레이션해 제작 기간 단축 및 소비자가 원하는 제품을 미리 보면서 기획, 개발이 가능해진다. 생산 단계에서는 모든 요소 시스템 간에 실시간 정보교환으로 다양한 제품 생산 및 생산성 요율을 높일 수 있다. 유통·판매 단계에서는 생산 및 소비자 수요에 맞춰 실시간 자동 발주로 재고 비용이 감소하고 품질, 물류 등 전 분야에 협력이 가능하다.

결국 4차 산업혁명 시대에 맞춰 스마트팩토리를 공장 밖의 영역과 연계해 실시간으로 시장의 요구 사항에 맞게 생산되게 하려면 빅데이터, 사물인터넷, CPS 등의 기술이 필요하며, 인공지능을 통한 플랫폼 운영이 구축되어야 한다.

정리하면, 스마트팩토리란 초연결성, 초지능성이 실현된 공장을 말한다. 사물인터넷을 통해 기획 설계부터 유통까지 모든 생산단계를 연결하고, 이를 바탕으로 제조와 관련된 모든 정보를 수집하며, 인공지능을 활용해 빅데이터 및 최적의 의사결정 판단, 자동화 공정으로 의사결정을 실행하는 곳이 바로 스마트팩토리다.

#스마트팩토리도 단계가 있다

스마트팩토리는 단계별로 나뉜다. 수준, 분야에 따라 다양하게 구현되는 방식이다. 공장의 IT 기술 활용 정도와 역량에 따라 총 4단계로 구분된다.

① 기초수준

기초수준 단계의 스마트팩토리의 경우 기초적인 정보통신 기술(ICT)을 이용한 정보수집과 이를 활용한 생산관리 구현 정도에 해당한다. 바코드, RFID 등을 이용한 기초적 물류 정보 수집 수준으로 구현된다. 전체적인 공정은 물류 중심의 실적관리 수준으로 운영되는 정도다.

② 중간수준 1

중간수준 1 단계의 경우 기초수준보다 다양한 ICT를 활용해 일부 설비에 자동화를 획득하고 협력사와의 정보 공유 등을 통해 기업 운영 자동화를 지향하는 단계에 해당한다. 설비로부터 실시간 데이터 수집이 가능한 정도로 스마트 공장이 구현된다. 이러한 설비로부터 집계된 데이터를 토대로 실적 중심의 공장 운영 분석이 이뤄질 수 있다.

③ 중간수준 2

중간수준 2 단계의 경우 협력사와의 공급사슬 형성 및 엔지니어링 정보를 공유하고, 제어자동화 기반 공정 운영에 최적화되며, 실시간 의사결정이 가능한 정도다. 설비 제어까지 자동화되어 실시간으로 의사결정 및 설비를 직접 제어가 가능하게 된다. 더 나아가 시장과 고객 요구에 능동적으로 대응할 수 있는 실시간 의사결정 및 통제도 가능하다.

④ 고도화

고도화의 경우 사물, 서비스, 비즈니스 모듈 간 실시간 대화체제가 구축되며, 사이버 공간상에서 비즈니스가 실현 가능한 정도로 구현되는 단계다. 이로써 자동으로 제어 가능하고, 설비 스스로가 식별이 가능한 완전한 사물인터넷형 스마트팩토리가 구현되는 것이다. CPS(가상물리 시스템), 사물인터넷, 빅데이터를 이용한 자가진단과 제어능력을 갖춘 지능형 생산 방식으로 공장이 운용된다. 이를 통해 실시간 고객 맞춤 서비스가 가능하게 되는 것이다.

#새로운 시장 스마트팩토리

전 세계 스마트팩토리 시장 규모는 연평균 8.0% 성장해 2024년

2,448억 달러의 경제적 가치를 창출할 전망이다. 스마트팩토리를 구축하는 시장은 크게 ICT 공급 시장과 디바이스 공급 시장으로 구분된다. ICT 공급 시장은 2016년 1,451억 달러에서 2018년 1,705억 달러 규모로 성장할 전망이다. 한편, 디바이스 공급 시장은 2016년 644억 달러 규모에서 2018년 756억 달러 규모로 성장할 전망이다.

지역별로는 아시아 내 스마트팩토리 ICT 공급 시장은 2014년 367억 달러에서 2018년 556억 달러 규모로 연평균 10.8% 성장할 것으로 보인다. 아시아의 ICT 공급 시장 성장은 대부분 중국에 기인한 것이며, 중국의 수요는 중국 정부의 스마트팩토리 확대정책으로 2016년 유럽, 2019년 미주 시장의 수요를 추월할 것으로 예상한다. 유럽을 비롯한 주요 선진국들은 저출산 고령화 현상에 따른 생산가능인구 감소에 대응하려는 방안으로, 중국 등 신흥국은 인건비 상승에 대한 대응 및 제조업 경쟁력 강화 측면에서 스마트팩토리를 경쟁적으로 구축하고 고도화해 나갈 전망이다.

국내 스마트팩토리 시장 규모는 2012년 24억 달러에서 2022년 100억 달러 규모로 가파르게 성장할 것으로 예상한다. ICT 공급 시장과 디바이스 공급 시장이 각각 연평균 11.6%, 8.9% 성장해 스마트팩토리 보급이 상당히 빠른 속도로 확산할 것으로 전망된다. 그러나 여전히 독자적인 공장 생산 환경에 고착화해 공장의 물리적인 확장성과 가변성에 한계를 보인다. 아울러 제조 분야의 외산 솔루션 도입비율은 약 90%에 이르며, 특히 하드웨어 및 소프트웨어를 구성하는 기초 부품·컴포넌트 연구나 디지털 신기술인 IT 원천기술 확보가 취약한 실정이다.

#주요 국가 제조업 스마트팩토리 현황

주요 국가들의 제조업이 총부가가치에서 차지하는 비율을 보면, 미국은 1970년 약 23.6%에서 지속해서 하락해 2015년 기준 12.0%에 불과했다. 제조업 기반의 국가라고 할 수 있는 독일과 일본도 제조업이 총부가가치에서 차지하는 비중이 하락해왔고, 주요국들 역시 마찬가지다. 중국의 경우 제조업이 총부가가치에서 차지하는 비중이 2006년 32.5%로 최고점을 기록했지만, 경제구조 개편과 서비스업 중심으로 재편되면서 제조업 비중은 상당폭 하락해 2015년 27.0%를 기록하고 있다. 한국도 서비스업을 중심으로 경제 규모가 확대되면서 2010년 이후로 제조업 비중이 하락해왔지만, 총부가가치의 29.5%가 제조업에서 비롯한다.

독일

독일은 인더스트리 4.0의 선도적 추진을 통해 제조 강국으로서의 경쟁력을 확보하기 위해 노력하고 있다. 주요 정책들은 인더스트리 4.0과 관련해 스마트팩토리의 최적화, 안정화, 사이버 공격에 대한 방어 등 다양한 연구 및 기술 개발을 뒷받침하는 상황이다. 특히 제조혁신을 추진하기 위한 9개 기반 기술들을 중심으로 집중적인 연구 개발 노력을 기울이고 있다.

미국

미국은 첨단제조파트너십 AMP2.0으로 제조혁신을 위해 산학연협력 연구, 제조설비와 인프라 공유체계구축 등 종합적 개선을 주요 목표로 하고 있다. 정책적으로 적극 지원하는 3가지 제조기술 분야는 제조를 위한 고급 감지, 제어 및 플랫폼, 시각화, 정보화 및 디지털 제조 기술, 신소재 제조 등이다.

중국

중국은 'Made in China 2025'를 국가 성장전략 방향으로 정하고, 제조대국에서 제조강국으로 도약하기 위한 로드맵을 제시했다. 한편 인터넷 플러스 전략을 통해 신성장 동력을 창출하고 제조혁신을 이루기 위한 지원 정책들을 마련 중이다.

일본

일본 정부는 2016년 국가 경제 및 사회 전반을 변화시키는 국가 혁신 프로젝트 4차 산업혁명 선도 전략을 발표했다. 사물인터넷, 빅데이터, 인공지능, 로봇 등에 대한 종합적인 로드맵을 제시하고, 각종 법 제도를 정비해 주요 유망산업의 발전을 지원하기 위한 인프라 구축을 지원하고 있다.

#해외 주요 기업 스마트팩토리 사례

아디다스(Adidas)의 신속한 고객 맞춤형 생산

트렌드가 비교적 민감하게 반영되는 패션 분야는 맞춤형 생산이 필수적으로 요구된다. 글로벌 스포츠용품 기업인 독일의 '아디다스'는 본사가 있는 남부 바이에른 주에 로봇 자동화 시스템을 이용해 운동화를 생산하는 '스피드팩토리'를 건설했다. 현재 독일 안스바흐 지역에서 시범 가동 중인 스피드팩토리는 아디다스와 독일 정부, 아헨 공대가 함께 연구·개발한 합작품이다. 스피드팩토리는 전 공정에서 로봇 자동화가 이뤄져 연간 50만 켤레의 운동화 생산이 가능한 독일의 대표적인 스마트팩토리다.

스피드팩토리의 가장 큰 특징은 바로 개인에게 최적화된 제품을 최단 시간에 공급한다는 것이다. 모든 공정이 본사 서버와 인터넷으로 연결되어 고객 트렌드와 수요를 실시간으로 반영할 수 있는 시스템이 구현되어 있다. 이를 통해 아디다스는 신발 끈부터 깔창, 뒷굽 등 다양한 옵션 중 소비자가 원하는 것을 선택하면 5시간 내에 제품을 생산해낸다. 이를 기존 맞춤형 신발 제작 및 배송기간인 10여 일과 비교하면 기간이 단축됨을 알 수 있다. 아디다스는 스피드팩토리를 통해 유행 변화에 신속하게 대처할 수 있어 소비자가 원하는 신발을 빠르게 공급할 수 있다고 설명한다. 더 나아가 3D 프린팅 기술을 활용해 진정한 의미의 고객 맞춤형 생산 시스템을 구축하는 것이 아디다스의 궁극적 목표다. 핵심은 소비자가 고를 수 있는 옵션 사양이 생산을 수행하는 팩토리의 생산사양, 원부재료 구매 부서의 구매사양 및 협력사의 동 원부재료 생산사양과 유기적으로 관리되어야 한다는 점이다. 결국 스마트팩토리의 성공은 소비자의 니즈 변화에 대해 얼마나 만족스럽게 생산과 구매가 반응하느냐, 그 프로세스를 디지털 기술을 이용해 어떻게 지혜롭게 구축하느냐에 달려 있다.

테슬라(Tesla)의 지능형 유연 생산

일론 머스크(Elon Musk)는 민간 최대 항공우주 기업 스페이스 엑스(Space X), 태양광 발전 기업 솔라시티(Solar City)를 설립하는 등 혁신의 아이콘으로 불린다. 그가 경영하는 테슬라 또한 첨단 제조기법을 빠르게 도입해 자동차를 생산함으로써 제조업의 역사를 새로 쓰고 있다. 테슬라의 미국 캘리포니아주 프리몬트 공장에서는 로봇이 사람과 함께 전기차를 생산한다. 로봇 카트가 공장 바닥에 깔린 자석 띠를 따라 제품을 이동시키는 '스마트 무브'가 설치되어 있으며, 레이저 절단 로봇이 부품을 자르고 쿠카(Kuka) 로봇이 알루미늄과 철제 부품들을 조립해 차체를 제작한다. 로봇의 작업 내용은 데이터로 축적되며 지속해서 업데이트될 수 있고, 새로운 작업 내용을 입력할 수 있어 지능형 유연 생산을 실현한다. 이처럼 테슬라는 디지털 노동을 활용함으로써 여타 자동차 생산 기업들보다 높은 수준의 지능형 고도화된 공장자동화를 달성하고 있다. 테슬라의 최신 모델인 모델3의 생산라인은 배치된 인력을 점차 줄여나가도록 설계되어 있으며, 궁극적으로는 완전 무인화 공장을 목표로 한다. 2016년에는 독일의 자동화 공정 전문 기업 그로만 엔지니어링(Grohmann Engineering)을 인수해 자사의 공장이 디지털 노동을 최적으로 활용할 수 있는 준비를 계속해나가고 있다. 2017년 11월 기준, 수주 실적 처리속도가 늦어 생산성 하락으로 고전하고 있지만, 최고 수준으로 지능형 자동화 공장의 생산방식이 정착된다면 시장에서의 예상대로 테슬라의 영업이익은 향후 급격히 개선될 것으로 보인다. 더 나아가 그로만 엔지니어링을 인수했다는 점을 통해 테슬라가 완전 무인화 공장을 구현한 후에는 스마트팩토리와 구축 엔지니어링 자체를 혁신상품으로 출시할 가능성도 완전히 배제할 수는 없다.

#스마트팩토리를 움직이는 주요 기술

기업들이 기존 제조공정에 스마트팩토리를 도입하면서 제조업의 혁신이 일어나고 있다. 우선 공장자동화와 스마트팩토리의 개념을 정립할 필요가 있다. 공장 자동화는 컴퓨터와 로봇과 같은 장비를 이용해 공장 전체의 무인화 및 생산 과정의 자동화를 만드는 시스템을 말한다. 그렇지만 스마트팩토리는 제조에 관련된 물품 조달, 물류, 소비자 등 다양한 객채가 존재하는데, 이 객체에 각각 지능을 부여하고 이를 사물인터넷으로 연결해 자율적으로 데이터를 연결, 수집, 분석하는 공장이다. 이에 따른 스마트팩토리의 주요 기반 기틀로는 사이버 물리 시스템, 로보틱스, 3D 프린팅, 사물인터넷 기반 포크 컴퓨팅, 사이버 보안 기술 등이 있다.

사이버 물리 시스템

제조 분야의 사이버 물리 시스템은 생산기술 시스템, 즉 생산정보 시스템 및 기업운영 시스템과 같이 정형화된 디지털 데이터로 구성된 IT 시스템과 공정, 제조 설비와 같은 물리적 세계가 네트워크로 통합되어, 실제 제품 또는 설비의 작동이 디지털 세계에서도 동기화되고, 축적된 데이터에서 도출된 패턴과 알고리즘에 의해 지능적으로 제어되는 시스템을 의미한다. 사이버 물리 시스템을 구현하기 위해서는 모든 사물들을 연결하는 사물인터넷과 데이터를 통합적으로 수집하는 플랫폼, 자율적으로 의사결정을 지원하는 빅데이터 분석력과 인공지능 기술 등 다양한 기술이 요구된다.

로보틱스

4차 산업혁명 시대에 로봇 기술은 변화를 주도할 핵심 기술로 부각하고 있으며, 제조현장에서 사용되는 산업용 로봇은 필수적인 도구로 자리 잡았다. 기존 대량 생산 체계에서는 업무가 정형화되어 있었다면, 차세대 제조 로봇은 유형화되거나 체계화되지 않은 공정의 업무를 수행할 수 있는 로봇 기술이 필요하다. 로봇을 통해 공장을 자동화해 생산성을 올리고자 하는 것을 넘어 최신 지능화 로봇 기술로 인간보다 더 정밀하고 고도의 숙련이 필요한 작업까지 가능해졌다. 기존의 대량 생산 방식에서 모듈화되고, 셀 생산 환경에서 작업이 가능하도록 로봇 기술은 외팔 로봇에서 양팔 로봇으로 변화하고 있고, 사람과 인간의 직접적인 상호 작용을 위해 설계된 로봇을 뜻하는 협동 로봇도 부상하고 있다. 미래의 완전 무인화 로봇으로 전환하는 과정에서 인간지능과 결합한 지능형 로봇에 대한 수요는 지속해서 증가할 것으로 전망된다. 국제로봇협회(International Federation of Robotics, IFR)에 따르면, 글로벌 산업용 로봇 판매 대수가 2013년 17만 8,000만 대에서 2018년 36만 3,000대로 증가할 것으로 예상한다. 자동차업에서 로봇을 가장 많이 사용되는 것으로 나타났으며, 전기/전자와 철강산업이 뒤를 이었다.

현재 산업용 로봇 시장을 이끄는 대표 업체로는 ABB, 화낙(Fanuc), 쿠카(Kuka), 야스카와(Yaskawa)가 있다. 최근 화낙은 로봇에 딥러닝을 적용해 작업을 수행하면서 자기학습을 하고, 스스로 찾아낸 작업 방법을 다른 로봇과도 공유하는 기술을 개발 중에 있다. 기존에는 CNC(Computer Numeric Control) 모듈을 기반으로 현대중공업, 현대위아, 두산공작기계 등과 공생하는 사업모델을 가졌다면, 지금은 CNC를 원격으로 제어하는 소프트웨어 플랫폼으로 제공하기 시작했다. 예전의 공작기계 산업이 보유했던 최종소비산업에 대한 접점을 점유하기 시작했다는 점에서 동산업에서도 디지털 혁신으로 인한 산업구조 변화가 위협과 기회로 현실화됐다.

3D 프린팅

3D 프린팅은 디지털 디자인 데이터를 이용해 소재를 겹겹이 쌓아 물체를 제조하는 기술로, 공정과정에서 다양한 세부기술들이 활용된다. 먼저 모델링 단계에서는 제품 설계 시 필요한 CAD 등 컴퓨터 그래픽 기술이 활용된다. 프린팅 공정에서는 소재를 적층해 제품을 만드는데, 해상도 및 제조시간 등을 개선하기 위한 난도 높은 기술이 요구된다. 최종적으로 후처리 공정 단계에서는 표면을 연마하고 염색하는 기술을 활용한다.

#제조강국 대한민국 스마트팩토리 현주소

4차 산업혁명은 미래가 아닌 현재 진행형이다. 현재 대한민국은 4차 산업혁명에 잘 대응하고 있을까? 2016년 UBS 보고서에 따르면 4차 산업혁명에 대응하고 있는 국가들을 소개하고 있다. 우리나라는 종합순위 25위를 기록했고, 미국 5위, 일본 12위, 독일 13위와 비교해 크게 뒤처진 상황이다.

한국 경제에서 제조업의 영향력은 크다고 볼 수 있다. 세계 주요국들과 비교해도 제조업 경쟁력을 강화하는 것은 매우 중대한 과제다. 지난 50년 동안 세계 각국은 금융업과 지식기반 서비스업 등을 중심으로 부가가치가 증대되면서 제조업이 총부가가치에서 차지하는 비중이 하락해왔다.

#국내에서 성공한 스마트팩토리 사례, 'LS산전'

전력기기와 산업용 자동화기기·시스템을 제조 및 공급하는 LS산전은 한국의 스마트팩토리 성공 사례에 자주 등장하는 기업이다. LS산전은 2011년부터 단계적으로 스마트팩토리를 구축해왔다. 제품 설계부터 생산과 판매에 이르기까지 PLM과 설비관리 시스템을 중심으로, IT와 OT(Operational Technology) 밸류체인의 기준정보를 통일성 있게 통합해 사이버 물리 시스템 달성을 지향한다. 또한, 현장 자동화 구축으로 확대된 다양한 데이터를 활용해 생산현황 및 최적화 달성을 위한 패턴 분석과 신속한 알고리즘화 가능 패턴을 기반으로 한 생산 의사결정이 가능해졌다.

LS산전의 청주 1사업장은 대표적인 스마트팩토리로, 부품 공급부터 조립, 포장 등 전 라인에 걸쳐 자동화 시스템이 마련되어 있다. 〈연합뉴스〉에 따르면, LS산전의 청주 공장은 2015년 12월 기준, 96% 수준의 자동화율이 구현됐으며, 생산라인 곳곳에는 무인 운반차가 배치되어 있다. 무인 운반차는 제품이 부족해질 때를 스스로 인식해 이동해 각 부품을 운반한다. 생산라인 공정에는 PLC(Programmable Logic Controller, 설비자동제어장치)가 MES(Manufacturing Execution System, 제조실행 시스템)와 연결되어 있고, 이를 통해 각 공장을 네트워크로 연결한다. LS산전은 스마트팩토리 모델 구축으로 생산라인당 작업자 수를 절반 수준으로 줄이고, 그동안 엄두를 내지 못했던 세밀하고 체계적인 엔지니어링 수준 제고를 달성했다. 현재 중간 단계까지 진행된 생산라인의 스마트화를 고도화 단계까지 지속해서 추진해나갈 계획이다. 사이버 물리 시스템의 궁극적인 단계는 물리적으로 실존하는 생산활동이 CAD나 VR 소프트웨어를 기반으로 센서, 액츄에이터 및 컴퓨팅을 기본요소로 하는 로봇에 의해 실시간, 양방향 동기화되는 것이다. LS산전은 사이버 물리 시스템이 필요로 하는 디지털 자산(Digital Article)을 수집해가며 지속 가능한 디지털 여정을 진행 중이다.

#인터랙 시대 고객 대응에 맞춘 제품을 생산하기 위한 준비

국내 제조기업들이 디지털 혁신력을 강화하기 위해서는 다음과 같은 체계적인 준비가 필요하다.

첫째, 4차 산업혁명의 기반 기술을 이해하고, 각 기업의 프로세스, 사람, 제품에 적합한 디지털 신기술의 황금비율을 찾기 위한 디지털 여정(Digital Journey) 로드맵을 수립하고, 용감하게 시작해야 한다.

둘째, 디지털 혁신이 기존 프로세스, 제품, 서비스, 산업에 파괴적 혁신(Disruptive Innovation)을 가져온다는 점에서 국내외 디지털 혁신의 리더라면 이종산업이라고 할지라도 그 리더들이 디지털 신기술을 활용하는 베스트 프랙티스에 주목하고, 배우고 실천할 수 있는 창의력을 갖춰야 한다.

디지털 신기술 이해 및 디지털 여정 로드맵 수립

제조업의 4차 산업혁명 주요 기반 기술인 사이버 물리 시스템, 로보틱스, 3D 프린팅, IoT 기반 포그 컴퓨팅, 사이버 보안 기술 등은 제조업 생태계를 극적으로 변화시킬 것으로 전망된다. 4차 산업혁명의 기반 기술 도입을 통해 제조업 패러다임 변화에 대응하고, 경쟁력을 강화하며, 디지털 혁신(Digital Transformation) 시대에 생존할 수 있어야 한다. 나아가 동종 및 이종산업의 경쟁자와는 차별된 제품과 서비스를 제공해야만 한다.

제조업이 성공적인 디지털 혁신을 이루기 위해서, 디지털 신기술이 각 기업에 어떻게 적용될 것인지는 디지털 신기술에 대한 이해가 우선되어야 한다. 그 이해를 바탕으로 기업의 프로세스, 사람, 제품의 각 차원과 범주별로 어떤 혁신을 일으킬 수 있을지에 대한 우선순위와 시기를 정해 디지털 여정의 로드맵을 수립할 수 있다. 과거엔 동종산업의 혁신사례를 벤치마킹하는 것이 유행이었지만, 기존의 프로세스, 제품, 서비스, 산업의 경계를 파괴적으로 혁신하는 디지털 혁신 시대에는 동종과 이종을 가리지 말아야 한다. 디지털 신기술이 적용된 세분류 프로세스와 변화 양상을 모듈별로 구분해 자신의 기업에 맞춤식으로 적용할 수 있는 창의력이 필요하다. 디지털 신기술이 각 기업과 프로세스에 어떻게 맞춤식으로 적용될 것인지와 그 적용을 통해 산출될 수 있는 효익이 파악되면, 디지털 혁신을 위한 여정, 디지털 여정이 시작된다.

디지털 혁신은 단기간에 이룰 수 있는 목표가 아니며, 각 기업의 상황에 따라 우선순위와 단계적으로 적용될 목표가 달라지기 때문에 이를 감안한 중장기적인 로드맵을 수립해야 한다. 성공적인 디지털 여정을 위해 전략적인 접근이 요구된다. KPMG가 전 세계 4,500여 명의 CIO를 대상으로 설문을 수행해 2017년 9월에 발표한 Harvey Nash/KPMG CIO Survey에 따르면 디지털 리더의 역할은 다음과 같다. 첫째, 기업의 핵심사업에 디지털 혁신을 일으키기 위한 디지털 신기술을 안정적이고 안전한 인프라 기반에 구축한다. 둘째, 기업의 고객 및 협력사와 의사소통을 디지털 솔루션을 통해 기업 전반의 의사결정 프로세스와 연결한다. 셋째, 디지털 사업 전략과 목표한 디지털 여정의 성공을 위한 디지털 신기술의 전략적 적용을 IT 전략에 반영한다. 넷째, 원가절감이나 운영 효율 목표보다는 혁신적 신제품과 신서비스를 통한 디지털 신사업 창안을 중요시한다.

제조업 패러다임 변화의 베스트 프랙티스를 창의적으로 조합

첫째, PLM/MDM 기반 기준 정보 연결로 맞춤형 생산을 통해, 소비자 기호 및 소비산업의 변화된 요구에 맞춘 고객별 맞춤식 제품과 서비스 제공을 준비해야 한다.

기업들이 소비자 및 소비산업의 다양한 기호 및 환경변화를 실시간으로 수집해 즉각적인 대응전략을 수립하고, 제품개발, 생산, 유통, 서비스, 유지보수, 클레임 처리 등 전 과정에 참여할 수 있는 디지털 환경을 갖추기 위해서는 기업이나 산업의 전체 밸류체인에 걸친 데이터 생성, 수집, 패턴 분석, 의사결정 규칙도출이 필수적이다. 이러한 데이터와 판단의 결과를 축적하기 위한 핵심 인프라가 PLM(제품 수명주기 관리)과

MDM(기준정보 관리)이다.

단계별, 업무기능별 제품과 서비스의 기준정보를 체계적으로 관리하는 PLM 및 MDM을 기반으로 밸류체인의 디지털 데이터가 축적되고 연결되면, 결국 사이버 물리 시스템 구축 발판을 마련할 수 있다.

둘째, S/W 기반 자동화와 H/W 로보틱스 기반 디지털 노동(Digital Labor) 패러다임 변화를 적극적으로 수용해야 한다. 또한, 디지털 노동에서 산출되는 데이터를 기반으로 패턴 분석, 알고리즘 도출, 지능화 의사결정 프로세스를 갖춰야 한다. 고령화 및 생산가능인구 감소 현상을 겪고 있는 주요 선진국뿐만 아니라, 인건비 상승 등에 부담을 느끼는 신흥국에서도 기업들은 제조 경쟁력을 갖추기 위해 디지털 노동을 적극적으로 도입하고 있다.

한편, 기존 생산 인력을 디지털 노동으로 대체하는 과정에서 로봇과 인간의 역할변화에 대한 변화관리(인력 재배치, 훈련 및 경력개발 등 인적자원관리)가 중요한 이슈가 될 것이다. 일본은 디지털 노동으로 인한 혁신의 부가가치 증가와 비생산적 잉여노동력 활용에 대해 정부와 민간이 함께 발전적인 사회적 합의를 도출하고 있으며, 그 모습이 가까운 미래 한국의 모습이 될 수 있다.

셋째, 플랫폼 기반 디지털 신기술로 생산성을 혁신해야 한다. 얼마 전까지만 해도 클라우드 도입은 단지 저렴한 데이터베이스 구매로 여겨졌으나, 아마존, 마이크로소프트, 오라클 등이 첨단 데이터 분석 및 인공지능 솔루션을 클라우드와 함께 공급하기 시작하면서 클라우드 도입은 디지털 혁신의 핵심이 됐다. 빅데이터 분석과 인공지능을 적용해 디지털 혁신을 목표하는 CIO는 IoT 도입 및 디지털 데이터 기반 비즈니스 모델 도입으로 인한 데이터 범람에 견딜 수 있는 데이터베이스, 빅데이터 분석, 인공지능, VR·AR, 챗봇 등을 고려하는 바, 안정되고 일관된 IT 구조와 보안 정책이 반영된 클라우드 패키지를 고려할 수밖에 없다.

이미 글로벌 리더들은 동 공급사들의 클라우드를 기반으로 스마트 팩토리 구현을 위한 디지털 신기술들을 제조 공정에 적용해 성과를 내고 있다. 철강, 석유화학, 전자, 자동차 산업 등 한국 주요 산업의 CIO들도 이를 인지하고, 클라우드 기반 데이터 수집, 분석, 인사이트 축적 등 디지털 여정에 동참하기 시작했다.

넷째, 초연결화로 사물의 인지력, 자가재조정력을 제고해야 한다. IOT가 보급되고 대용량 데이터가 실시간 분석 능력을 갖추게 되면서 초연결화가 촉발되었다. 이러한 초연결화는 사물의 인지력, 자가재조정력을 제고하고, 전 산업에 급격한 변화를 가져왔다. 이미 아마존의 컴퓨터 비전, 센서퓨전 및 딥러닝 기반 'Just Walk Out Technology'는 유통 산업에 큰 변화를 가져왔고, 동일한 기술이 자율주행 자동차와 같은 신제품 개발 및 인공지능 기반 제조공정의 현실화를 앞당기고 있다. 또한, IoT 기반 디지털 신기술은 공급사슬 전체를 유기적으로 연결하고, 플랫폼을 통한 데이터 생성과 분석을 통해 실시간 최적 공급망 및 물류 채널을 구현한다.

다섯째, 사이버 보안을 강화해야 한다. IoT 기반 데이터가 급증하고,

다양한 비정형 데이터가 제조공정에서 생성 및 활용되면서 데이터로 이뤄진 사이버 세상에서 정보 유출 및 랜섬웨어 위협이 증폭된다. 사이버 물리 시스템을 지향하는 스마트팩토리 제조공정이 해킹될 경우, 고객, 물류, 생산, 구매 등 밸류체인 전반의 정보가 통째로 유출될 수도 있다는 점에서 경제·사회적 문제로 비화할 수 있다. 네트워크 보안, 클라우드 보안, 상호 연결된 밸류체인 전반 데이터 보안 등에 필요한 인프라를 갖추지 않는다면, 산업정보 및 소비자 개인정보 유출로 번질 위험이 다분한 스마트팩토리를 도입해서는 안 될 것이다.

여섯째, 첨단소재의 연구 개발 및 기술 발전을 위해 적극적으로 노력해야 한다. 첨단소재의 등장은 3D 프린팅을 활성화하고, 외주거래의 내재화, 협력사 채널 변경, 공급망 및 국제통상 물류 흐름에 큰 변화를 초래하기 때문이다. 첨단소재 개발은 물리화학적 소재 도입이지만, 그로 인한 경영 의사결정의 변화를 감안할 때 디지털 혁신을 지향하는 기업들이 유념할 중요한 변화 중 하나다.

#인터랙 시대, 스마트팩토리로 사라지는 일자리

스마트팩토리의 고용 변화, 자동화에 초점을 맞추게 되면, 결국 기계가 인력을 대체하는 방식으로 효율화가 달성된다. 이는 고용감소로 연결되며 사회적인 문제를 불러일으킬 수 있다. 스마트팩토리 확산에 대한 우려도 맥을 같이 한다. 하지만 스마트팩토리의 지향점은 공정의 효율성 증대가 아니라, 제품과 기업의 경쟁력 향상으로 삼는다면 고용 감소 효과가 필연적이라고 말할 수는 없다. 우리나라 민관합동스마트공장 추진단이 2021년에 실시한 설문 조사에 따르면, 스마트팩토리로 전환 후 고용이 감소했다는 의견이 4.8%인 데 반해, '변화 없다'와 '늘었다'가 각각 65.4%와 27.1%인 것으로 나타났다. 단순 업무를 담당하는 인력은 감소했지만, 여전히 사람에 의존해야 하는 부분이 많기 때문이다. 즉 제품의 개발 및 설계, 생산 계획 수립을 비롯해 예상하지 못하는 각종 사건에 대한 의사결정은 사람에 의해 수행되어야 한다. 지멘스 암베르그 공장의 경우 연간 생산성 증가의 40%는 인력에 의한 것으로, 장비 투자 등에 의한 생산성 향상보다는 다소 작은 규모이지만, 여전히 의사결정 과정의 역할을 인력이 담당하는 상황이다. 이렇듯 부가가치가 상대적으로 높은 업무 중심으로 고용이 재편될 것으로 예상하는 만큼, 향후 기업 입장에서는 인력의 재배치 및 그에 따른 재교육 문제 등에서 좀 더 고민해야 할 부분이다.

창고에서 재배하는 농작물
'스마트팜'

#농사도 이제는 과학이다

스마트팜이란 농사 기술에 정보통신 기술을 접목해 만들어진 지능화된 농장으로, 데이터 분석을 통해 습도, 온도, 이산화탄소, 토양 등의 환경을 맞춰 효율적이고, 효과적인 농업을 목표로 만들어진 기술이다. 스마트팜의 등장으로 농업의 생산뿐만 아니라 상품의 유통, 소비 단계까지도 발전되고, 향상된 결과물을 경험할 수 있게 됐다.

스마트팜은 농작물 재배만이 아니라, 과수원, 출사까지 범위를 넓혀 진행 중이다. PC 또는 모바일을 통해 온습도, 각 농업의 특정에 맞는 환경들을 고려해 최적의 생육환경을 조성하는 것을 목표로 삼고 있다. 시공간적 구속으로부터 얻는 자유와 노동력, 삶의 질 개선 등의 기대효과로 젊은 세대의 농촌 유입이 증가하게 됐다.

스마트팜은 높은 기술력을 활용해 농산물을 효율적으로 생산하고, 고령화로 인한 생산성 저하를 해결해 규모의 경제를 달성할 수 있다는 점에서 미래 유망 산업으로 꼽힌다. 세계 스마트팜 시장은 연평균 16.4% 성장률을 유지하며 빠르게 성장 중이다.

#세계는 왜 스마트팜에 주목할까?

2020년에 세계 경제 포럼에서 향후 10년간 발생할 세계 10대 리스크 중 하나로 식량난을 꼽았다. 또한, 유엔 식량농업기구는 2050년에 세계 인구가 90억 명으로 급증할 것이며, 이에 따라 심각한 식량 부족 현상이 불가피하다고 전망했다. 식량난에 대한 우려가 점점 커지는 가운데, 스마트팜이 해결책으로 주목받고 있다.

스마트팜은 자동화 설비와 정보통신 기술을 농업에서 적용하는 애그테크(AgTech) 비즈니스다. 시공간의 제약 없이 기계가 환경을 최적화된 상태로 제어 및 관리한다. 이를 통해 생산과 유통, 소비 전 과정에 걸쳐 생산성과 효율성, 품질 향상이 가능하다.

#농업과 ICT 기술이 만났다

지난 20년 스마트팜 시장이 커지는 동안 많은 투자에도 불구하고,

기술적인 제약이 걸림돌이 됐던 실내 농업 분야는 인공지능, 머신러닝, 조명 시스템 등 첨단 기술의 발전으로 기술 비용이 하락하고, 효율성과 수익성이 개선됐다. 향후 5년간 세계 실내 농업은 연평균 2.5%씩 성장할 것으로 전망된다. 2020년 미국 실내 농업 분야에 역대 최대 규모인 9억 2,900만 달러가 투자되기도 했다.

실내 농업 업체들은 주로 도심 주변에 대규모 시설을 구축하는데, 이를 통해 농산물 수입을 대체하고 규모의 경제를 달성해 수익을 늘릴 수 있기 때문이다. 실내 농장에는 식물의 성장에 필요한 물과 영양분을 조절하는 인공지능 시설, 농산물의 맛과 영양, 성장 시간을 최적화하는 데 필요한 머신러닝 시스템, 햇빛을 대체하는 LED 시설 등을 갖추기 위해서 많은 투자가 필요하다.

실내 농업은 역사가 길지 않고 최신 기술 적용이 중요한 만큼 스타트업 기업들이 주도하며, 농사 기술에 정보통신 기술을 접목한 스마트팜이 다양하게 발전하는 추세다. 사물인터넷, 첨단 기계 기술로 비용은 줄이고, 농업 효율성을 높이는 기술이 개발되고 있다. 또한, 수경재배 기술 등을 통해 친환경적이고, 안정적인 식량 공급을 가능하게 한다. 한편 공간 효율성까지 갖춘 수직 농업 기술 등으로 발전하고 있다. 특히 통제된 환경에서 작물을 재배하는 수직 농업이 빠르게 발전하는 추세다. 미국 시장을 기준으로 수직 농업은 2024년까지 연평균 24% 이상 성장할 것으로 예상한다.

#이미 세계적인 기업으로 성장 중인 스마트팜 기업
스마트팜 업계의 애플 '에어로팜'

스마트팜 분야에서 단연 앞서 나가는 곳은 미국의 에어로팜(AeroFarms)이다. 스마트팜 계의 애플이라고 불리는 곳이다. 에어로팜은 2004년에 설립됐다. 오래된 유휴 공장과 건물을 재활용해 수직형 농장을 조성해 현재 250여 종의 채소를 키우고 있다. 이들의 비전은 안전하고 질 좋고 맛있는 농산물을 전 세계에서 접할 수 있도록 모범을 보이고, 세계에 긍정적인 영향을 미치는 것이다. 또한, 재래식 재배에 필요한 토지의 1% 미만을 사용하지만, 전통적인 농업에 비교해 평방 피트당 390배 이상을 생산하는 높은 생산성을 보였다.

에어로팜에서 주목할 것은 다음과 같다.

첫째, 기술 혁신이다. 에어로팜은 특수 제작된 천(Cloth Medium)으로 흙 없이 작물을 생산한다. 이는 에어로팜이 특허 받은 천으로 흙을 대체하는 것이다. 천은 환경호르몬의 일종인 BPA(환경호르몬 비스페놀A)가 없는 재활용 플라스틱으로 제작됐다. 1개당 350개의 물병이 투입된다. 더 나아가 세척을 통해 재사용이 가능하다는 점도 특징이다. 재배 기간 역시 40일에서 15일로 단축해 생산성 향상에 크게 기여한다.

둘째, 수경재배를 통한 물 절약이다. 기존의 수직농장들이 수경재배를 하는데, 이 방식은 대량의 물이 필요하다는 단점이 있었다. 하지만 에어로팜은 수기경재배를 통해 이를 해결했다. 수기경재배는 분무기로 식물 뿌리에 물을 뿌리는 방식이다. 이러한 기술은 산소를 충분히 공급함과 동시에 물을 절약할 수 있고, 흙을 통한 해충 발생을 막을 수 있는 장점이 있다.

셋째, LED 기술이다. 실내에서 기르는 만큼 태양을 대신할 수 있는 조명의 역할이 더욱 중요하다. 이러한 점에서 에어로팜의 LED 기술은 상당히 강점이 있다. 광합성에 필요한 스펙트럼, 강도, 주파수를 정확하게 제공하고, 크기, 모양, 질감, 색, 맛 등을 정확하게 제어할 수 있는 것이 특징이다.

사람을 싣고 나는
차세대 모빌리티 '스마트카'

#스마트카의 시작은 자율주행

자동차 업계에서 자율주행은 어떤 의미일까? 자율주행은 하늘을 나는 자동차와 함께 SF영화에서 단골로 등장하는 소재였으며, 언젠가는 인류가 나아가야 할 미래의 모습으로 여겨졌다. 이미 100년도 전에 등장한 전기자동차와 달리 자율주행차는 자동차 업계가 새롭게 창조해 나가야 할 첨단 기술이며, 도달해야 할 일종의 지향점과도 같았다.

이러한 이유로 100년간 암흑기를 거친 전기자동차와 다르게 자율주행은 자동차 업계에서 끊임없는 연구 개발이 지속되어왔다. 이는 외부적인 요인으로부터 촉발된 전기자동차를 꺼려 하던 완성차 업계가 자율주행 기술의 발전에 앞장서는 모습을 보였던 이유다.

#곧 본격적인 자율주행 시대가 도래한다

막대한 자본력과 기술력을 가진 굴지의 자동차 업계와 IT 업계가 너나 할 것 없이 자율주행에 매달리고 있는 상황에서 이제 자율주행은 막을 수 없는 시대적 조류가 됐다. 그러나 자율주행의 개화는 언제쯤 시작될 것인지에 대해서는 의견이 분분한 상황이다. 자율주행으로 가기 위해서는 기술적 한계의 극복뿐만 아니라 사고 발생 시 책임 소재, 사회적 합의, 규제 정비, 인프라 확충 등 쉽게 풀기 어려운 숙제가 곳곳에 산재해 있기 때문이다. 수익 창출을 목적으로 사업을 영위하는 기업들이 언제 개화할지 모르는 자율주행 시장에 계속해서 무작정 투자할 수도 없다. 이러한 혼란을 막기 위해 미국도로교통안전국(National Highway Traffic Safety Administration, NHTSA)은 2013년 자율주행에 대해 보다 구체적인 개념을 정립하는데, 그 요지는 자율주행이란 갑자기 개화되는 것이 아니고 5단계의 과정을 거친다고 밝혔다. 이는 막대한 재화를 투입

단계별 자율주행 자동차 분류		
LEVEL 0	비자동화	운전자가 차량을 완전히 제어해야 하는 단계
LEVEL 1	운전자 보조	방향·속도 등 특정 기능 자동화
LEVEL 2	부분 자동화	고속도로에서 차선과 간격 유지
LEVEL 3	조건부 자동화	정해진 조건에서 자율주행 가능
LEVEL 4	고도 자동화	정해진 도로의 모든 상황에서 자율주행 가능
LEVEL 5	완전 자동화	모든 주행 상황에서 운전자의 개입 불필요

출처 : 미국자동차공학회

하고 있는 기업들에 자율주행의 개발 단계마다 단계적인 보급을 통해 수익을 확보하고, 시장의 반응을 피드백하며 지속해서 기술 개발을 이어나갈 수 있는 일종의 근거를 만들어준 것이다. 미국도로교통안전국에 따르면, 자율주행 자동차 기술 단계는 Level 0인 비자동화 단계를 제외하면 엄밀히 말해 총 5단계로 구분된다.

Level 1은 특정 기능의 자동화 단계인 선택적 능동제어 단계다. 현재도 많은 자동차에서 지원하는 차선 이탈 경보장치나 크루즈 컨트롤 등의 기능이 이 단계에 속한다.

Level 2는 자율주행 기술들이 통합되어 기능하는 능동제어 단계로, 운전자는 전방을 주시하고 운행의 모니터링을 통해 필요시 제어권을 갖지만, 정상 주행시 운전대와 페달을 직접 조작하지는 않아도 된다.

Level 3부터 진정한 의미의 자율주행으로 볼 수 있는데, 차량이 교통 신호와 도로 흐름을 인식해 운전자가 특별한 모니터링 없이 다른 활동을 할 수 있고, 특정 상황에서만 경보 신호를 통해 운전자의 간헐적 개입이 필요한 수준이다.

Level 4는 모든 상황에서 운전자의 개입이 필요 없는 완전 자율주행 단계다. 미국도로교통안전국의 자율주행 개념 발표 이후 IT 및 완성차 기업들의 전략은 크게 Level 3 수준의 자율주행차를 우선 보급하는 방향과 Level 4 기술에 도달한 이후 한 번에 자율주행차를 보급하는 방향으로 나뉘게 된다.

최고등급인 Level 5는 '사실상 무인자동차에 가까운 단계'로 볼 수 있다. 사람이 없어도 자동차가 움직이는 단계가 바로 Level 5다. '무인 자동차'로도 표현할 수 있다. 운전자가 아니라 탑승자의 개념에 가까워진다. 운전자의 개입이 없으므로 운전석, 핸들, 페달 등이 필요 없어 차량 내부는 탑승자의 편의를 높이는 디자인으로 바뀔 것이라는 예측이 있다.

미국 정부는 2022년 2월, 자율주행차 개발업체인 구글 웨이모와 지엠 크루즈에 유료 자율주행 택시 사업을 승인했다. 완전 자율주행차 시대로 가는 또 하나의 발판을 마련한 것이다. 시험운행 시작 6년 만에 얻어낸 성과다. 그러나 기술적 도달에 맞춰 출시가 이루어진다고 해도 자율주행이 대량 생산으로 확산하기까지는 스마트폰의 확산에 비해 훨씬 더 오랜 시간이 소요될 것으로 보인다. 차량은 우선 스마트폰보다 교체 주기가 길고 가격도 비싸다. 또한, 안전 문제는 탑승자의 생명과 직결되고, 자율주행 중 사고 발생 시 책임 소재를 정비해나가기까지 많은 사례가 필요하게 될 것이다. 따라서 자율주행차량의 본격적인 성장 시기는 2030년 전후가 될 것으로 보인다.

#사실상의 전자기기 자율주행차

자율주행차가 대량 생산으로 가는 여정은 아직 남아 있지만, 앞서 분석한 결과에 따르면 2020년대 초반에 개화해 2030년에 이르면 본격적인 성장 추세를 보일 것으로 전망한다.

그렇다면 자율주행차는 어떤 붕괴를 가져오게 될까? 먼저 자동차 하드웨어에 대한 가치의 붕괴를 생각해볼 수 있다. 기존 자동차의 두뇌는 사람이다. 사람이 인지하고 조작한다. 자동차는 사람의 지시에 따라 움직이는 하드웨어적인 요소가 강한 제품이다. 기존 자동차는 엔진의 마력, 속도, 외관 등 하드웨어적인 성능이 자동차의 가치로 반영됐다. 그러나 자율주행차는 어떠한가? 자율주행 소프트웨어가 바로 자동차의 두뇌가 된다. 즉 하드웨어는 이를 컨트롤하는 소프트웨어에 의존하게 되며, 결국 소프트웨어의 품질이 제품의 경쟁력을 좌우하게 될 것이다.

아이폰을 예로 들어 보자. 아이폰의 하드웨어는 폭스콘이 만든다. 그러나 누구도 폭스콘의 아이폰이라고 생각하지 않는다. 누구나 동의하듯 아이폰은 소프트웨어를 만드는 애플의 것이다. 그리고 소프트웨어의 가치가 바로 아이폰의 가치가 된다. 자율주행차는 움직이는 스마트폰이라고 할 수 있다. 이러한 측면에서 본다면, 두뇌 역할을 하는 소프트웨어가 상대적으로 덜 중요한 기존의 하드웨어를 하위 벤더로 전락시킬 것이다. 이는 최상위 벤더에 위치한 완성차 업계 중심의 자동차 산업 생태계 전체를 붕괴시키는 결과를 가져올 것이다. 글로벌 완성차 업체들이 IT 업계를 견제하고 주도권을 빼앗기지 않기 위해 애쓰는 이유를 바로 여기서 찾을 수 있다.

다음으로 자동차와 연결된 운송 시스템의 붕괴를 들 수 있다. 현재

택시나 트럭 운송 시스템은 사람의 노동력이 총운영비용에서 높은 비중을 차지한다. 그런데 자율주행차가 도입되면, 택시 사업자와 택배 및 화물 운송사업자가 큰 타격을 받을 것이다. 혹자는 택시 사업자와 택배 및 화물 운송사업자가 자율주행차를 도입해도 되지 않겠느냐는 생각을 할 수 있을 것이다. 그러나 자율주행차는 후술할 차량 공유와 결합해 이러한 생각들을 파괴할 것이다. 자율주행과 결합한 차량 공유 플랫폼 기업이 사람과 물건들의 운송을 담당하게 될 것이다.

자동차 보험 시장의 붕괴도 시작된다. 자율주행의 정당성 중 하나는 교통사고의 획기적인 감소다. 자율주행은 이러한 명제를 기본적으로 해결했을 때 확산할 것이다. 최근 보험업계에서는 자율주행으로 인한 사고 발생 시 책임 소재를 누가 질 것인지가 이슈가 되고 있지만, 사실상 자율주행으로 인한 근본적인 교통사고의 감소는 자동차 보험회사의 수익을 급격하게 감소시킬 가능성이 크다. 자율주행은 또한 현재의 교통 시스템 및 도시 인프라를 붕괴시킬 것이다.

완전한 자율주행이 도입되면, 면허도 필요하지 않을 수 있다. 운전면허 시험장이 있던 자리는 새로운 건물들로 대체될 것이다. 자율주행은 많은 주차장이 필요하지 않다. 직장인들은 자율주행 차량으로 출근한 후 집 또는 공유업체로 차량을 돌려보내면 그만이다. 건물에서 막대한 공간을 차지하는 지하 주차장이 점차 사라지고, 다른 공간으로 대체될 것이다. 도로를 점거해 교통체증을 유발하는 불법 주차도 사라질 가능성이 크다.

기존 도시의 모습도 붕괴될 것이다. 도로망을 중심으로 발달한 도시는 자동차를 위해 상당히 많은 공간을 제공하고 있다. 현재의 도로는 사람의 인지능력을 고려해 구축됐다. 자율주행으로 자동차가 정해진 차선을 따라 자동으로 움직인다는 것은 기차와 같은 개념이다. 열차가 지나가는 철로가 넓을 필요가 없는 것처럼 자율주행차도 차체 크기의 차선이면 된다. 또한, 사람이 인지에 따라 차선을 바꾸고 제어하는 것이 아니어서 도로의 여유 공간이 자율주행에 맞게 대폭 축소된다. 지능화된 도로교통 시스템(ITS)의 고도화로 시스템을 통한 차량 흐름이 정착되면 결국 신호등도 사라지게 될 것이다.

#미래가 기대되는 자율주행 시장

전기자동차의 배터리가 내연기관을 밀어내고 성장하듯이, 자율주행차는 자율주행을 작동하게 하는 기기들의 급성장을 가져올 것이다. 자율주행 관련 기기들의 수요는 자율주행 발전 단계에 따라 기술별로 성장 속도가 다르게 진행될 가능성이 크다. 먼저 자율주행을 위해 필요한 기술적 요소를 파악하면 크게 5가지로 구분할 수 있다.

먼저 Level 1~2단계에서는 주행환경을 인식하기 위해 장애물, 도로표식, 교통신호 등을 인식하기 위한 각종 센서들의 수요가 촉발되기 시작할 것이다. 특히 라이다 센서는 고출력 펄스 레이저를 발사해 돌아오는 레이저의 소요 시간 및 주파수 편이를 측정해 주변 사물과의 거리, 속도를 탐지하고 레이더 센서보다 더 정밀한 위치 정보 및 3D 공간정보 획득이 가능하다.

Level 3~4단계부터는 10cm 안팎의 정밀도를 3차원 형식으로 구현시키고, 반경 2~3km 내의 동적 주행 정보를 파악할 수 있는 고정밀 HD맵의 수요가 촉발될 것이다. 또한, 자율주행의 안전도를 높이기 위해 차량과 차량 간(V2V), 차량과 도로 간(V2I), 차량과 모바일기기 간(V2N) 등의 양방향 통신을 통해 다양한 정보들이 끊임없이 교환되고 공유되어야 한다. 다음으로 자율주행으로 확보되는 소비자들의 시간을 어떻게 활용할 것인지가 매우 중요한 이슈로 대두될 것이고, 자율주행차의 캐시카우(Cash Cow)로 인포테인먼트(Infotainment) 시장이 빠른 속도로 성장할 것이다.

하지만 우려의 목소리도 높다. 자율주행의 안정성에 가장 큰 우려를 표명하게 된 사건은 바로 2016년 5월, 테슬라의 '오토파일럿' 주행 중 발생한 사망사고다. 오토파일럿 모드로 주행 중이던 모델S 차량은 맞은편에서 좌회전하던 트럭의 흰색 옆면을 하늘과 구분하지 못해 그대로 직진해서 사고가 발생했다. 이는 자율주행의 안전 문제와 함께 또 다른 화제를 불러왔는데, 사고 당시 운전자가 영화를 감상하고 있었다는 사실이다.

자율주행차는 이동수단과 함께 새로운 업무공간이자 문화생활공간이 될 것이다. 자동차 고객들에게 새로운 경험을 제공하게 될 이와 같은 변화는 자동차 인포테인먼트 시장의 전망을 밝게 하고 있다. 인포테인먼트는 핵심 콘텐츠 시장뿐만 아니라 이동통신 시장의 성장으로 이어질 것으로 보인다. 차 안에 장착된 인포테인먼트 기기를 사용할 경우 스마트폰처럼 데이터 소비가 이뤄지기 때문이다. 또한, 다양한 화면을 구현해낼 수 있는 차량용 디스플레이 시장도 새로운 성장동력을 얻을 것으로 보인다. 결국, 이 모든 것을 가능하게 할 차량용 전장부품들의 수요도 급성장할 것이다.

한편 자율주행은 운송 산업과 물류 산업, 도시 인프라 및 건설 산업이 붕괴한 자리에 새로운 성장을 가져올 것으로 기대된다. 자율주행은 차량 공유 플랫폼과 결합해 새로운 운송 시스템을 창출해낼 것이다. 또한, 자율주행의 효율적 구동을 위해 인프라 측면에서 지능형 도로교통시스템(ITS)이 고도화될 뿐만 아니라 도로망을 중심으로 발달해온 도시와 건축물들은 도시 공간의 물리적 한계가 줄어들면서 새로운 도시 공간으로 재탄생하게 될 것이다. 그뿐만 아니라 자율주행 단계별로 필요에 따라 자율주행 전용도로 구축 등이 고려될 수 있으며, 건축물 내부에도 무인택배 이송 시스템이나 무인차 주차지원시설 등의 수요가 늘어날 것으로 생각해볼 수 있다.

새로운 이동 수단의 등장
도심형 항공기 'UAM'

#미래가 아닌 현실로 다가온 도심형 항공기

전 세계적으로 도시화(Urbanization)가 빠르게 진행되고 있다. UN 경제사회국에 따르면, 2010년을 기점으로 전 세계 도시인구는 지방인구를 추월하기 시작했으며, 2018년 도시화율은 55.3%를 기록했다. 2020년 이후부터는 지방인구의 감소가 시작됐지만, 도시인구는 계속 증가할 것으로 예상하며, 2050년 전 세계 도시화율은 68.4%에 이를 것으로 전망된다. 우리나라의 도시화율은 이미 81.5% 수준이며, 2050년에는 86.2%에 달할 것으로 예측된다. 각 국가가 정한 행정 구역상 도시 인구와는 일부 차이가 있을 수 있으나, 전 세계 도시권의 인구 비교를 위해 UN이 발표한 기준에 따르면, 세계에서 인구가 가장 많은 도시는 일본 도쿄로 3,747만 명에 달했고, 인도의 델리가 2,851만 명, 중국의 상하이가 2,558만 명으로 그 뒤를 이었다. 대한민국의 수도 서울도 996만 명으로 1,000만 명에 육박한다.

UN의 조사 결과, 전 세계에 1,000만 명 이상이 거주하는 메가시티(Megacity)는 1990년 10개에 불과했으나 2018년 33개로 증가했고, 2030년에는 43개에 이를 것으로 전망되고 있다. 이러한 도시집중화 현상은 교통, 주거, 환경, 에너지 등 여러 가지 측면에서 다양한 도시문제를 유발하고 있다. 특히 도시의 도로를 가득 메운 자동차는 극심한 교통 정체와 환경오염을 유발하고 있으며, 이로 인해 막대한 사회·경제적 손실이 발생하고 있다.

교통량 분석업체 인릭스(INRIX)에 따르면, 2018년에 미국 시민들은 교통체증으로 인해 연간 평균적으로 97시간을 잃어버렸으며, 이로 인해 전체 870억 달러, 1인당 1,348달러의 손실이 발생한 것으로 추정된다. 우리나라도 2016년 한국교통연구원에서 교통혼잡비용을 추산한 결과, 2015년을 기준으로 약 33조 원에 달하는 것으로 나타났다. 도시의 교통문제는 교통혼잡으로만 끝나는 것이 아니라 에너지를 낭비하고, 환경을 오염시키며, 소음을 일으키는 등 연쇄적으로 또 다른 도시문제를 발생시키고 있다.

한편 반대로 생각해보면 교통, 에너지, 환경, 주거 등 도시의 주요 문제들은 각각 개별적인 문제가 아니라 서로 복합적으로 얽혀 있어서 하나의 문제가 해결되면, 또 다른 문제의 해결에도 긍정적인 영향을 줄 수 있을 것이다. 즉, 도시의 교통문제 해결은 도시 전체의 거주 적합성 (Livability)을 위해서라도 반드시 해결해야 할 과제인 것이다. 이미 도시의 지상과 지하 공간은 심각한 포화상태에 이르고 있다. 도시의 지상에는 각종 건물과 시설이, 도시의 지하에는 지하철, 상하수도관, 가스관, 통신망 등이 가득 차 있다. 점점 가속화되는 도시화 상황에서 끊임없이 막대한 비용을 쏟아부어 지상과 지하의 신규 교통망을 확충해나가는 것은 머지않아 한계에 다다를 것으로 예상한다. 근본적인 문제 해결을 위해서는 기존 교통 체계의 패러다임을 바꿀 혁신적인 교통 시스템이 필요하다.

이러한 상황에서 최근 인공지능, IoT, 빅데이터, 블록체인, 드론, 3D 프린팅, 에너지 저장 등 혁신 기술들이 속속 등장하고 있다. 그리고 이 기술들은 4차 산업혁명의 기반 기술로 불리며, 각 산업에 대변혁을 가져올 것으로 예고하고 있다. 해당 기술이 주목받는 이유는 단위 기술 그 자체가 아니라, 각 기술의 융합이 가져올 파급력에 있다. 즉, 4차 산업혁명을 이끄는 제조혁신 기술과 디지털 기술 및 에너지 기술은 서로 융합되어 단위 기술로서의 한계를 극복하고, 폭발적인 시너지를 통해 이전에 없었던 새로운 가치를 창출(Value Creation)할 것으로 기대된다. 그리고 이는 기존 산업구조를 붕괴시키고, 혁신적인 신사업의 태동으로 이어질 가능성이 크다.

특히 최근 시장과 기업들이 4차 산업혁명 기술의 총아로 주목하는 분야 중 하나는 바로 모빌리티 신사업이다. 이미 수년 전부터 제조, 디지털, 에너지 기술이 접목된 자동차의 전기화, 자율주행, 플랫폼화는 세계 최대 IT·가전 박람회인 CES에 단골손님으로 등장했으며, 신성장 동력으로서 시장의 기대를 한 몸에 받았다. 그리고 최근 개최된 CES에서는 전기화, 자율주행, 플랫폼 등 미래 자동차의 혁신 요소를 모두 갖추고 있으면서도 도심 내 공중에서의 이동이 가능한 새로운 모빌리티 청사진이 제시됐다. 도시의 지상과 공중이 연계된 모빌리티 혁명은 그 자체로 새로운 가치를 창출하는 신사업인 동시에, 관련 전후방 제조 및 서비스 산업에도 연쇄적인 혁신 성장을 가져올 것으로 기대한다.

#도시의 새로운 이동 옵션을 제시

전기동력의 자율주행차와 공유플랫폼 기술의 융합은 도시의 교통혼잡과 환경 문제를 다소 완화해줄 것으로 기대되고 있다. 그러나 현재 진행되고 있는 도시로의 인구집중을 고려하면 근본적인 해결책으로 보기에는 한계가 있다. 지상의 자율주행과 공유플랫폼은 현재 비효율적으로 운용되고 있는 도시의 교통자원을 디지털 혁신을 통해 좀 더 효율적으로 배분하는 것에 가깝다고 볼 수 있다. 물론 효율적인 자원 배분도 중요하지만, 도시교통 문제의 근본적인 해결을 위해서는 새로운 공간 자원이 필요하다. 지상과 지하 공간의 포화로 인해 이제 더는 2차원 평면 공간의 활용만으로는 도시의 교통문제를 해결하기 어렵다.

패러다임을 전환해 도시 내 3차원 공간, 즉 공중을 새로운 도시의 교통자원으로 가져올 필요가 있다. 그리고 이를 활용해 도시의 새로운 이동성 옵션을 만들어나가야 한다. 미국항공우주국(NASA)은 저고도의 공중을 활용해 새롭게 구축하고자 하는 도시의 단거리 항공 운송 생태계를 '도심 항공 모빌리티(Urban Air Mobility, UAM)'로 명명하고 있으며, 관련 업계와 시장에서도 현재 UAM이라는 용어가 통용되고 있다. 현재 국내에서 UAM은 도심(Intracity)에서의 이동성에 초점을 맞춰 '도심' 항공 모빌리티로 불리고 있으나, 광의의 개념으로 보면 UAM은 도심과 그 주변 광역권(Intercity)을 모두 아우르는 메가시티의 새로운 이동성 옵션으로 볼 수 있다.

#눈앞으로 다가온 플라잉카 시대

UAM 생태계에서는 기존의 민간항공기나 헬리콥터가 아닌, 도시환경에서 운용 적합하고, 누구나 쉽게 이용할 수 있는 새로운 이동수단이 필요하다. 도시 하늘을 누빌 새로운 교통수단에 대해 과거부터 현재에 이르기까지 가장 대중에게 친숙한 개념은 하늘을 나는 자동차, 즉 플라잉카(Flying Car)라고 할 수 있다. 일반적으로 플라잉카는 지금으로부터 100년도 더 전인 1917년 미국의 항공기 설계사 글렌 커티스(Glenn

Curtiss)가 개발한 오토플레인(Autoplane)을 시초로 본다. 물론 그 당시 오토플레인의 경우 오늘날 생각하는 실질적인 비행은 어려웠던 것으로 전해지지만, 그만큼 하늘을 나는 자동차에 대한 인류의 열망은 오래전부터 이어져 왔다. 미국 할리우드 영화 〈백투더퓨처〉(1985년), 〈제5원소〉(1997년), 〈블레이드 러너 2049〉(2017년)의 경우 제작 시기에 상당한 차이가 있지만, 모두 하늘을 나는 자동차가 등장할 만큼 플라잉카는 시대를 초월해 언젠가 인류가 도달해야 하는 기술적 지향점으로 여겨왔다.

현대적 의미의 플라잉카는 2010년을 전후해 본격적으로 공개되기 시작됐다. 미국 MIT대학 졸업생들이 설립한 테라퓨지아(Terrafugia)는 2009년, 자동차에 접이식 날개를 갖춰 도로에서의 주행과 하늘에서의 비행이 모두 가능한 트랜지션(Transition)이라는 플라잉카를 선보였다. 테라퓨지아 외에도 2012년 네덜란드의 팔브이(PAL-V)가 자동차와 자이로콥터를 결합한 리버티(Liberty)를 공개했으며, 슬로바키아의 에어로모빌(AeroMobil)도 2014년 자동차와 비행기를 결합한 에어로모빌 3.0을 선보였다. 이러한 초기 플라잉카 모델들은 예약 판매에 돌입해 현재 상용화를 눈앞에 두고 있다.

#개인용비행체(PAV)로 정립되는 UAM 이동수단

초기 플라잉카 모델들은 도로주행과 공중비행이 모두 가능하지만,

내연기관 엔진을 사용해 공해를 유발하고, 소음이 크며, 대부분의 모델이 이륙하기 위해서는 활주로나 별도의 공간이 필요하다는 단점을 갖고 있었다. 즉, 기술적인 가치는 인정받았으나 도시의 환경오염이나 교통체증, 한정된 공간과 같은 문제들을 해결하기에는 다소 한계가 있었다. 이에 따라 최근에는 드론과 항공기의 결합이 자동차와 항공기를 결합한 전통적인 플라잉카의 단점을 극복하고, 도시문제를 해결할 수 있는 새로운 대안으로 떠오르고 있다.

현재 활발하게 개발이 진행되고 있는 드론형 공중 이동수단은 기술적으로 배터리와 모터를 추진동력으로 해서 친환경적이고, 소음이 적다. 또한, 건물 옥상 등 도심 내에서의 수직이착륙이 가능하다. 즉, 드론형은 활주로가 필요하지 않고 지점 간(Point-to-Point) 운송이 가능하므로, 초기 플라잉카 모델보다 UAM 생태계에 적합한 운송수단으로 인식되고 있다. 또한, 장애물이 많지 않은 공중에서만 이동하기 때문에 도로주행을 겸하는 초기 플라잉카 모델들보다 원격조종이나 자율비행의 적용이 수월하다. 드론형 공중 이동수단의 경우 광의의 개념에서 플라잉카의 범주로 볼 수 있지만, 도로주행보다는 공중에서의 도시 내 이동에 초점이 맞춰져 있어, 최근에는 개인용비행체(Personal Aerial Vehicle, PAV)라는 표현이 더 빈번하게 사용되고 있다. PAV는 운용기준에 따라 공중에서의 비행만 가능한 싱글모드(Single Mode), 공중에서의 비행과 도로에서의 주행이 모두 가능한 듀얼모드(Dual Mode)로 구분된다. 2010년 전후로 개발된 초기 플라잉카들은 바로 PAV의 듀얼모드에 해당한다고 볼 수 있다. 또한, PAV는 이착륙 방식에 따라 STOL(Short Take-Off And Landing)과 VTOL(Vertical Take-Off and Landing)로 구분할 수 있다. STOL 형 PAV는 일반 여객기만큼 긴 거리는 아니지만, 이륙하기 위해서는 활주로가 필요하다. 반면 VTOL형 PAV는 활주로 없이 수직이착륙이 가능하다. 한편 운행 방식에 따라 수동비행과 자율비행, 사용 에너지에 따라 내연기관과 전기동력으로 구분하면 PAV는 기능적으로 16가지의 유형 분류가 가능하다.

#전기동력수직이착륙기(eVTOL)로 수렴하는 PAV

다양한 PAV의 유형 중 아직 시장에 지배적인 제품은 등장하지 않았다. 그러나 현재 개발되고 있는 개체들을 보면, 싱글모드-VTOL형 PAV가 절대 다수를 차지하고 있다. 그리고 최근 개발되고 있는 VTOL형 PAV는 배터리와 모터를 통해 전기동력을 얻는 eVTOL(Electric powered Vertical Take-Off and Landing)이다.

글로벌 eVTOL과 관련해 다양한 정보를 확인할 수 있는 Electric VTOL News의 자료를 토대로 분석해본 결과, 2019년 12월 기준으로 전 세계에서 114개의 업체가 133개의 eVTOL 모델을 개발 중인 것으로 나타났다. 이 중 미국 기업이 52개 업체로 eVTOL 개발을 주도하고 있으며, 영국(11개사), 프랑스(8개사), 러시아(6개사), 독일(5개사)이 그 뒤를 따르고 있다. 우리나라도 한국항공우주연구원과 현대자동차에서 eVTOL

모델을 개발 중이다.

개발 중인 eVTOL 모델을 에너지 원천별로 구분해보면, 순수배터리로만 구동되는 모델은 94개, 하이브리드 모델은 34개, 수소전기 모델은 5개로 순수배터리 모델이 주류를 이루고 있다. 또한, 자율비행으로 개발되고 있는 모델은 61개, 파일럿이 필요한 수동비행으로 개발되고 있는 모델은 72개로, 아직은 수동비행의 모델이 더 다양하게 개발되고 있는 것으로 나타났다.

#상용화 단계에 도달한 기체는?

일렉트릭 VTOL 뉴스(Electric VTOL News)에서는 eVTOL 모델의 개발 진행 정도에 따라 크게 기초 설계(Initial Design), 시제품 제작(Scaled Prototype), 시험 비행(Flight Testing), 상용화(In Service) 단계로 구분하고 있다. 2019년 12월 기준으로 기초 설계 단계의 모델은 63개, 시제품 제작 단계는 34개, 시험 비행 단계는 35개, 상용화 단계는 1개인 것으로 파악됐다.

현재 상용화된 eVTOL은 러시아의 호버서프(Hoversurf)가 개발한 스콜피온-3(Scorpion-3)로, 2019년 두바이 경찰이 도입한 것으로 파악된다. 언론 보도에 따르면 두바이 경찰은 스콜피온-3의 현장 투입을 목표로 비행 훈련을 진행하고 있는 것으로 알려졌다. 스콜피온-3는 프로펠러 4기를 장착한 1인승 쿼드콥터 유형으로, 공중에 떠서 머무를 수 있는 호버링(Hovering)이 가능하다. 또한, 5m 높이에서 최고 96km/h의 속도를 낼 수 있어 도심 속에서 일반 차량 위를 지나며 교통상황에 제약받지 않고 이동할 수 있다. 해당 기체 이후 아직 UAM을 도입한 국가나 상용화를 성공시킨 기업은 추가로 나오지 않고 있다. 국내의 경우 정부와 민간 협동으로 2025년 상용화, 2035년 대중화를 목표로 기술 개발과 안전성 검증에 나서는 상황이다.

한편, eVTOL의 추진방식은 아니지만, PAV의 개념으로 범위를 확장하면 앞서 언급한 초기 플라잉카 모델들인 트렌지션, 리버티, 에어로모빌도 상용화 단계에 접어들었다고 볼 수 있다. 그러나 현재 상용화된 PAV들은 공항셔틀이나 항공택시와 같이 UAM 생태계가 그리는 서비스 기능을 수행하기에 한계가 있다. 따라서 현재 UAM 목적으로 개발이 진행 중인 시험 비행 단계의 eVTOL부터 본격적으로 UAM 생태계에 활용될 것으로 보인다.

#추격에 나선 항공·자동차 업계

eVTOL의 개발 진행 단계를 기초 설계와 시제품 제작 모델까지 확장해보면, 글로벌 항공기 OEM들과 완성차 OEM들의 시장 진출이 매우 활발하게 진행되고 있음을 알 수 있다. 다수의 전문 기술 스타트업이 이미 시험 비행 단계에 진입한 만큼 앞서가고 있지만, 기존의 항공 및 자동차 시장을 장악한 거대 OEM들이 기술력과 자본력을 앞세워 빠르게 추격하는 양상이다.

미국 실리콘 밸리의 자회사 A큐브드를 통해 eVTOL '바하나(Vahana)'의 시험 비행을 진행 중인 에어버스는 2019년 독일 잉골슈타트 타운홀 광장에서 자체적으로 개발 중인 항공택시 '시티에어버스(CityAirbus)'의 프로토타입을 공개했다. 에어버스는 2024년 파리올림픽에서 공항과 도심 간 이동에 시티에어버스를 활용할 계획이다. 보잉, 에어버스에 이은 세계 3위의 항공기 OEM인 브라질의 엠브라에르(Embraer)도 PAV 개발 전담 자회사인 엠브라에르X를 설립하고, 2018년 개최된 우버엘리베이트 서밋(Uber Elevate Summit 2018)에서 '드림메이커(DreamMaker)'라고 불리는 eVTOL 콘셉트 디자인을 공개했다.

헬리콥터나 경비행기 제조 업체들도 eVTOL 개발에 적극적으로 뛰어들고 있다. 미국의 헬리콥터 제조사 벨 헬리콥터(Bell Helicopter)는 2019년 CES에서 자사가 개발 중인 항공택시 벨 넥서스(Bell Nexus)의 실물 크기 모형을 공개했으며, 2020년 CES에서는 한층 진화한 모델인 벨 넥서스 4EX를 선보였다. 슬로베니아의 경비행기 제조업체 피피스트렐(Pipistrel)도 일반 시민들이 도시에서 이용할 수 있는 저소음 eVTOL을 개발 중인 것으로 파악되고 있다.

항공기 OEM뿐만 아니라 완성차 OEM들의 PAV 개발 행보도 주목할 필요가 있다. 완성차 업계는 전기동력, 자율주행, 경량화 기술 등 미래 자동차 산업의 핵심 제조 기술들을 PAV에 적용해 UAM 시장에 조기 진입하겠다는 계획이 있다.

　다만 완성차 업체들은 아직 단독으로 개발을 진행하기보다는 플랫폼 기업이나 항공기 OEM들과의 협업 체계를 구축하고 있다. 대표적으로 현대자동차는 2020년 CES에서 우버와 협력해 개발 중인 PAV 콘셉트 'S-A1'을 선보이면서 2028년 상용화 계획을 발표했다. 'S-A1'은 조종사를 포함해 총 5명이 탑승할 수 있고, 최고 속도 290km/h로 최대 약 100km를 비행할 수 있다. 현재 시험 비행 모델을 제작하고 있으며, 빠르면 2024년, 늦어도 2025년에는 시험 비행에 성공한다는 계획이다. 현대자동차는 또 미국 NASA 등에서 활약 중인 엔지니어들을 적극적으로 영입해서 개발에 박차를 가하는 상황이다. 아우디는 2018년 제네바모터쇼에서 에어버스, 이탈디자인(Italdesign)과 함께 개발 중인 PAV '팝업넥스트(Pop.up Next)' 디자인을 공개했다. 팝업넥스트는 도로주행과 공중비행이 모두 가능한 듀얼모드 eVTOL로 개발되고 있다. 아우디는 2024~2027년 사이에 팝업넥스트 모델이 현실화될 것으로 기대하고 있다. 이외에도 2018년 애스턴마틴과 롤스로이스가 PAV의 디자인 콘셉트를 공개했으며, 포르쉐도 2019년 보잉과 공동으로 개발 중인 PAV의 디자인을 선보이는 등 최근 완성차 업체들이 스타트업 투자를 넘어서 PAV 개발에 직접 뛰어드는 양상을 보이고 있다.

#UAM 시장 얼마나 커질 것인가?

초기 전문 기술 스타트업 중심으로 발전해온 PAV 개발 시장에 수년 전부터 보잉, 에어버스, 엠브라에르 등과 같은 글로벌 항공기 OEM들이 본격적으로 참여하기 시작했으며, 최근에는 현대자동차, 아우디, 도요타 등 글로벌 완성차 OEM들도 속속 합류하고 있다. 또한, 플랫폼 기업 우버도 PAV 제조기업들과의 파트너십을 확장하는 등 UAM 시장의 성장 가능성에 주목하고 있다. 그뿐만 아니라 인텔이나 텐센트 같은 IT 기업들도 PAV 개발 업체들에 대한 투자를 활발하게 진행하고 있다. 이러한 기업들의 적극적인 움직임은 공급 측면에서 UAM 생태계 형성을 지지하고 있다.

포르쉐컨설팅에 따르면, 여객용 PAV 운행 대수는 기준선(Baseline) 추정으로, 2025년 500대에서 2035년에는 15,000대에 이를 것으로 예측되며, 진보적인(Progressive) 추정으로는 2035년에 43,000대에 달할 것으로 전망한다.

투자 업계의 UAM에 관한 관심도 뜨겁다. 글로벌 사모펀드(PEF) 및 벤처캐피털(VC) 투자 동향 조사 업체인 피치북(PitchBook)은 최근 떠오르는 6가지의 이머징 테크(Emerging Tech)의 투자 분야 중 하나로 항공택시(Air Taxi)를 꼽았으며, 해당 분야에 1억 달러 이상의 메가 딜이 속속 등장할 것으로 전망했다.

산업의 경계를 넘어 PAV 제조와 UAM 서비스 시장에 관심과 투자가 몰리는 이유는 무엇일까? 모건스탠리에 따르면 PAV 제조와 여객 및 화물 운송 서비스를 아우르는 전체 UAM의 잠재적 시장 규모는 2040년 1조 5,000억 달러에 달할 것으로 전망된다. 새롭게 태동하는 거대한 시장이지만, 아직 시장에 지배적인 강자가 없다 보니, 시장을 조기 선점하고 새로운 성장동력을 얻기 위해 기업들이 앞다투어 PAV의 연구 개발과 자본 투자에 뛰어들고 있다.

#가장 중요한 UAM 이용 예상 인원은?

UAM은 기술 발전과 함께 전 세계에 거의 동시에 보급됐던 스마트폰과는 사뭇 다른 양상으로 확산해갈 것이다. 전 세계적으로 UAM 생태계 조성을 위한 투자가 증가하고 기반 기술이 발전하고 있지만, UAM의 도입 여부와 도입 시점은 인구통계학적, 경제적 요인 및 각 국가의 도시 계획에 따라 지리적으로 매우 상이할 것으로 전망한다.

KPMG Global에서는 2050년까지 UAM이 새로운 이동수단으로 번성할 가능성이 큰 전 세계의 70개 도시를 추출했다. 여기에는 뉴욕, 로스앤젤레스, 런던, 파리 등 전통적인 서구권의 대도시와 함께 멕시코 시티, 상파울루 등 육상교통의 일부 위험 요소가 있는 도시들도 포함된다. 그러나 UAM 시장에서 가장 주목해야 할 지역은 북미나, 유럽, 남미의 도시가 아니다. KPMG는 인구 밀집과 경제성장, 도로혼잡도 등을 고려할 때, 향후 UAM 시장의 성장 가능성이 가장 높은 지역으로 서울, 도쿄, 베이징, 상하이, 델리 등 아시아의 메가시티를 꼽았다. KPMG 는 2030년에 접어들면 전 세계적으로 매년 1,200만 명의 승객이 UAM 을 이용할 것으로 전망했으며, 2050년에 이르면 4억 4,500만 명에 달할 것으로 추정했다. 다만 UAM의 활용범위는 시기별로 다소 차이가 있을 것으로 예상했는데, 2030년대에는 우선 도심과 공항을 오가는 셔틀 노선으로 활용되고, 2040년에 접어들면 도심의 출퇴근 통근 노선이나 항공택시까지 활용범위가 확대될 것으로 보았다. 이후 2050년에 이르면 광역권 도시 간 이동도 가능해질 것으로 전망했다. 특히 2050년 UAM 이용객 수가 가장 많은 10개 도시는 도쿄, 상하이, 베이징, 델리, 뉴욕, 서울, 로스앤젤레스, 뭄바이, 오사카, 광저우가 될 것으로 분석됐으며, 해당 10개 도시의 이용객 수는 전체 이용객의 1/3을 넘어서는 1억 6,400만 명 수준일 것으로 예측한다.

#제도와 법률의 정립이 관건

본격적인 PAV 비행테스트가 진행되고 있고, 항공택시의 시범 운행 등이 계획되고 있는 만큼, UAM 생태계의 확산을 위해서는 UAM 관련 각종 인증 기준 및 제도에 대한 글로벌 표준을 정립할 필요가 있다.

아직 어느 국가도 UAM에 대한 명확한 인증기준과 제도를 갖추지 않은 것으로 파악된다. 다만, UAM이 공중 이동수단을 활용하는 만큼, 글로벌 항공산업에서 영향력이 큰 미국연방항공청(Federal Aviation

Administration, FAA)이나 유럽항공안정청(European Aviation Safety Agency, EASA)에서 UAM의 인증 및 각종 규제에 관해 가이드라인을 제시할 것으로 예상한다.

　UAM 시장을 실질적으로 형성해나가기 위해서는 UAM 개발기업과 해당 규제 기관들이 제도와 법률 등을 함께 정비해나가는 것이 중요하다. 기본적으로 헬리콥터나 스포츠 경비행기에 적용되는 인증 규정을 테스트용 PAV에 적용할 수 있을 것이다. 그러나 상용화될 PAV는 기존 헬리콥터나 경비행기와는 형상이나 추진체계, 운용환경 등에 상당한 차이가 있기에 새로운 인증 프로그램이 개발되어야 한다. 수직이착륙, 분산전기추진, 자율비행 등에 대한 감항성(Airworthiness) 기준을 수립해야 하고, 도심 비행에 따른 소음기준과 환경기준도 정립해야 할 것이다. 또한, PAV에 대한 기준 외에도 도심 항공 교통관리 시스템에 대한 운영체계도 구축해야 한다.

　한편 완전자율비행으로 가기 전까지 PAV 파일럿의 자격을 어느 수준에서 결정할 것인지도 중요하다. 일반적으로 여객기 조종을 위한 파일럿 자격을 취득하는 데는 상당한 시간과 자원이 투입되며, 고도의 전문성이 요구된다. 그러나 UAM 생태계에서의 PAV는 도심항공택시로 활용되기 때문에 기존 파일럿 면허보다는 완화된 기준이 적용되어야 할 것으로 보이며, 이는 그만큼 PAV의 기술적 안전 수준과 자동화 수준에 대한 인증 기준이 높아야 함을 의미한다.

#인천공항, 김포공항에도 인프라 구축

UAM 생태계 확산을 위한 또 다른 필수적인 요소는 인프라 구축이다. 현재 대부분의 PAV가 eVTOL로 개발되고 있는 만큼, 활주로를 가진 공항처럼 거대한 인프라가 필요하지는 않을 것이다. 그러나 복잡한 도심에서 수많은 PAV를 어디에서 띄울 것인지, 또 전기동력으로 개발되는 PAV를 어디에서 충전하고 정비할 것인지 결정하는 것은 단순한 문제가 아니다. 기존 헬리콥터 이착륙장을 개조하는 방법도 있지만, 다수의 시민이 이용하게 될 UAM 개념에 비춰보면 턱없이 부족할 것이다. 또 일반 건물의 옥상을 개조하는 것도 안전 문제상 쉽지 않다. 이에 따라 PAV 터미널을 새롭게 구축하는 것이 최근 실질적인 방안으로 떠오르고 있다.

국내에서는 인천국제공항공사와 한국공항공사가 가장 적극적으로 UAM 터미널 구축을 위해 노력하고 있다. 두 곳 모두 공항 청사나 배후 부지 등을 활용한 옥외 터미널을 구축해 도심과 공항을 연결하는 하나의 허브 역할을 기획하고 있는 듯하다.

기업들 가운데 인프라 구축에 가장 적극적인 기업은 우버와 볼로콥터다. 먼저 우버엘리베이트는 2016년 UAM 개발계획을 담은 백서(White paper)를 통해 버티포트(Vertiport)와 버티스톱(vertistop)이라는 2개의 인프라 구축 방안을 공개했다. 버티포트의 경우 이착륙, 충전, 정비 등이 가능하고, 버티스톱은 이착륙만 가능한 콘셉트다. 이후 우버는 '우버엘리베이트 서밋2019'에서 우버 에어 스카이포트(Uber Air SkyPort)라는 새로운 인프라 개념을 제시한다. 우버에 따르면 스카이포트는 한 시간에 200대 이상의 PAV가 이착륙할 수 있다. 또한, 스카이포트는 앞서 언급한 우버의 복합 항공 승차 공유 비전이 반영된 건축물이다.

스카이포트의 경우 이착륙, 충전, 정비가 가능할 뿐만 아니라 각종 편의시설을 갖추고 있고, 도시의 주요 교통수단인 자동차, 자전거, 전동 스쿠터 간 환승이 가능하도록 설계됐다. 즉, 우버는 스카이포트를 거점으로 도시의 모빌리티를 통합하려는 계획이 있다. 우버가 공개한 스카이포트 콘셉트 디자인에는 미국 최대의 건축설계 기업 겐슬러(Gensler)와 숍아키텍츠(SHoP Architects)를 포함한 8개의 기업이 참여했다. 이는 앞으로 우버와 건설업계의 협업이 본격적으로 진행될 것을 의미한다. 우버는 우버 에어 서비스 출시 시점인 2023년까지 우선 미국 댈러스와 로스앤젤레스, 호주 멜버른에 스카이포트를 건설할 계획이다. 우버의 스카이포트 개념이 현실화된다면 건설 산업에도 새로운 성장동력이 될 수 있을 것이다.

볼로콥터도 독립적인 PAV 터미널을 구상하고 있다. 볼로콥터는 2019년 10월에 싱가포르에서 개최된 'ITS World Congress 2019'에서 수직이착륙장 개발 스타트업인 스카이포츠(Skyports)와 자사가 공동 개발하는 PAV 터미널인 '볼로포트(VoloPort)'의 프로토타입을 공개했다. 볼로포트는 수직이착륙뿐만 아니라 배터리 교체 및 충전, PAV의 유지·보수 등이 가능하도록 설계됐다.

한편 2020년 1월 개최된 CES에서 현대자동차가 발표한 미래 모빌리티 비전에서도 새로운 인프라의 모습을 확인할 수 있다. 현대자동차는 도심 항공 모빌리티(UAM), 목적 기반 모빌리티(Purpose Built Vehicle, PBV), 허브(Hub)의 3가지 비전을 제시했는데, 여기서 허브는 서로 다른 형태의 스마트 모빌리티 간 환승 거점으로, 통합된 모빌리티 생태계를 구성하는 핵심 인프라로 볼 수 있다.

미래 교육의 끝판왕
'에듀테크'

#일방적인 교육에서 벗어난 상호 소통 교육 방식

에듀테크(Edutech)는 교육(Education)과 기술(Technology)의 합성어로, 교육에 ICT 기술(정보통신 기술)을 접목해 기존 서비스를 개선하거나 새로운 서비스를 제공하는 것, 또는 교육 서비스를 개선하거나 새로운 가치를 제공하는 데 활용되는 기술을 의미한다.

에듀테크와 유사한 개념으로 이러닝(E-Learning), 스마트 러닝(Smart Learning)이 있으며 차이는 다음과 같다.

구분	개념	특징
이러닝	전자적 수단, 정보통신 및 전파·방송 기술을 활용해 이뤄지는 학습	인터넷과 컴퓨터에 교육을 접목한 온라인 교육 중심
스마트 러닝	스마트폰, 태블릿PC, E-Book 단말기 등 스마트 디바이스와 이러닝 신기술이 융합된 개념	스마트기기를 활용한 교육
에듀테크	교육에 ICT 기술을 접목해 기존 서비스를 개선하거나 새로운 서비스를 제공하는 것	데이터와 소프트웨어에 무게 중심

인터랙 시대에서 에듀테크가 중요한 이유는 바로 상호 간 교류로 교육이 이뤄진다는 점이다. 기존의 일방적인 동영상 시청 방식의 교육 방법이 아닌, 기술의 발달로 실시간 상호 간 소통을 통해 교육을 진행할 수 있는 점이 장점이다. 또한, 스마트기기의 발달로 원하는 장소 어디서든 교육을 할 수 있다.

#점점 커지는 에듀테크 시장 규모

글로벌 교육 시장 조사기관 홀론아이큐(HolonIQ)에 의하면, 세계 디지털 교육 시장 규모가 2020년 2,270억 달러에서 2025년 4,040억 달러로 2배 정도 성장할 것으로 예측한다. 2019년에 에듀테크 벤처캐피털 투자액은 70억 달러로 10년 만에 14배 급성장했고, 2025년에는 10억 달러 이상의 시장 가치를 가진 에듀테크 상장기업수가 100개를 넘어설 것으로 예상한다. 특히나 코로나 이후로 비대면 온라인 교육, 에듀테크에 관한 관심과 수요가 폭발적으로 증가했다.

VR·AR, AI, 빅데이터 등 ICT 기술을 융합해 교육 서비스에 접목한 에듀테크의 성장성은 높게 평가되고 있다. 스마트기기 보급 확대와 더불어 이에 친숙한 Z세대의 증가는 에듀테크 확산에 촉매제 역할을 했다. 실제로 1995년 이후 출생한 Z세대는 '디지털 네이티브'라고 일컬어질 정도로 디지털 문화에 친숙하며, 피어슨(Pearson)의 설문 조사에 따르면 책보다는 유튜브, 교육용 앱을 활용한 학습을 선호하는 것으로 나타났다고 한다.

에듀테크는 인공지능, 빅데이터, 블록체인 등 데이터와 소프트웨어를 기반으로 학습자의 학습 능력, 진도율, 학습 효율 등에 관한 내용을 분석하고, 선생님과의 의사소통을 활성화하며 사용자 관리, 정보 관리를 용이하게 한다는 강점이 있다. 빅데이터를 통해 학습자 맞춤형 교육, 교수법 및 행정관리 자동화와 지능화를 가능하게 하는 인공지능은 2018년 8억 달러에서 2025년에는 61억 달러 규모의 시장으로 성장할 것으로 예측한다.

교육 분야에 적용되는 주요 기술은 VR·AR, AI, 로보틱스, 블록체인 등이 있다. 체험 기반의 실감형 교육을 가능하게 하는 VR·AR 기술의 경우, 2018년 18억 달러에서 2025년에는 126억 달러로 7배의 높은 성장을 보일 것으로 전망된다. 빅데이터를 통해 학습자 맞춤형 교육, 교수법 및 행정관리 자동화와 지능화를 가능하게 하는 인공지능은 2018년 8억 달러에서 2025년에는 61억 달러 규모의 시장을 형성할 것으로 예측된다.

최근 전 세계는 코로나19로 인해 전대미문의 상황을 마주하고 있다. 여러 측면에서 코로나19 사태는 우리 삶에 큰 영향을 미칠 것이란 사실을 예상해볼 수 있을 것이다. 일하고, 여가를 보내며, 소비하고, 배우며

가르치는 등 일상의 모든 방식과 행태에서 비대면(Untact)의 중요성과 비중이 더 커질 것으로 예측되고, 비대면 방식의 확산 추세가 뚜렷하게 나타날 분야 중 하나가 교육 부문일 것이다. 특히 인터랙 시대가 도래하면 개인 맞춤형 교육은 또 하나의 큰 시장으로 성장할 것이다. 가정이나 회사 또는 학교에서 진행하는 비대면 수업과 교육은 이제 제법 익숙해진 모습이다. 지금도 일부 시도되고 있지만, 상호 소통하는 교육 방식은 점차 확산해 주류가 될 것으로 보인다.

#이미 전 세계는 에듀테크 시장 경쟁

해외 시장부터 살펴보면, 미국은 주로 경력개발 부문에 투자를 집중적으로 하고 있으며, 교육 전문 벤처캐피털 나비타스(Navitas)에서 발표한 세계 에듀테크 상위 10개 도시 랭킹에 2~4위를 차지했다.

에듀테크 투자액 전 세계 1위는 바로 중국이다. 전 세계 에듀테크 유니콘 기업의 절반 이상을 중국이 보유하는 상황이다. 국가별 에듀테크 벤처캐피털 투자액을 비교해보면, 중국이 전 세계 투자액의 63.4%를 차지하며 압도적으로 높고 미국, 인도순으로 높은 것을 알 수 있다. 유럽에서 에듀테크 투자가 가장 활발한 나라는 영국으로, 2015년 에듀테크 UK를 설립해 적극적인 에듀테크 육성전략을 펼치고 있다.

그렇다면 국내 에듀테크 시장은 어떨까? 국내 에듀테크 시장은 성장 추세긴 하지만, 세계 시장과 비교했을 때는 낮은 편이며 영세사업자 비중이 높은 편이다. 대형 교육 업체들은 AI 기술을 보유하고 있는 에듀테크 스타트업을 인수하면서 맞춤형 학습 서비스, 게임 기반 학습, 외국어 교육, 코딩 교육 등 다양한 분야에서 AI 기술, 로봇 기술을 활용하고 있다. 그뿐만 아니라 기업들은 교육 콘텐츠의 품질을 높이고 해외 시장 진출을 위한 경쟁력 확보를 위해 R&D 투자를 확대하고 있는데, 에듀테크 콘텐츠 사업의 R&D 투자 금액 및 비중이 5년 연속 증가하고 있다.

스스로 건강을 관리하는
'디지털 헬스케어'

#생활 속 주치의가 등장한다

디지털 헬스케어는 말 그대로 의료 및 헬스케어 서비스가 디지털 환경으로 전환되는 것을 의미한다. 핵심 기술인 정보통신 기술(IoT)과 클라우드 컴퓨터, 센서, 빅데이터 및 인공지능을 헬스케어와 접목한 분야다. 소비자가 일상생활이나 의료기관 등 전문기관에서 생성해낸 데이터를 수집 및 분석해 이를 의료 및 헬스케어 기업이 활용해 소비자에게 자문과 치료를 해주는 구조다.

그동안은 여러 법률적 문제에 부딪혀 지지부진했던 디지털 헬스케어 시장이 4차 산업혁명 물결 속에서 빠르게 발전하고 있다. 특히 인터랙 비즈니스상에서 개인이나 가정에서 사용하는 디바이스 기기를 통한 의사와 약사와의 상호 교류 관계는 더욱 중요해질 것으로 보인다.

디지털 헬스케어 주요 기술						
인공지능 (AI)	사물인터넷 (IoT)	웨어러블 디바이스	빅데이터	원격의료	3D 프린터	클라우드 컴퓨터

#디지털 헬스케어의 목적은 치료가 아닌 예방

현재 의료 체계는 병이 발생한 뒤 치료를 하는 것에 그 목적을 두고 있다. 하지만 디지털 헬스케어 시장은 정반대다. 건강한 사람에게 질병이 발생하기 전에 예방하는 것이다. 앞으로의 디지털 헬스케어 산업은 크게 4가지 방향으로 변화할 것으로 예상한다. 생물학자인 르로이 후드(Leroy Hood) 박사가 2008년에 만든 예측 시스템인 4P 이론이다. 예측(Predictive), 예방(Preventive), 개인(Personalized), 참여(Paticipatory)의 4P 중심으로 의료행위가 변화할 것이라고 내다봤다.

#미국의 원격의료 실험은 이미 시작됐다

미국은 원격의료와 원격모니터링으로 헬스케어 분야가 디지털 헬스케어로 급변하고 있다. 2018년 조사에 따르면, 의사의 18%만이 원격진료를 통해 환자를 진료했다. 그런데 코로나 19가 유행하면서 48%나 환자를 원격으로 진료하는 것으로 나타났다.

원격의료는 원거리에서 임상 헬스케어를 제공하기 위해 원거리 통신과 정보기술을 이용한다. 거리의 장벽을 없애주고 의료서비스를 쉽게 접할 수 있도록 해준다. 많은 경우에 거리 때문에 지속해서 의료서비스를 받기 어려운 지방 쪽에서 원격의료를 이용한다. 또한, 중환자 관리나 응급 상황에서 생명을 살리는 데도 쓰인다. 코로나 대유행 등으로 비대면과 디지털에 대한 수요가 폭발했고, 원격의료에 대한 수요도 급격하게 불러왔다.

#글로벌 IT 기업까지 진출한 디지털 헬스케어

애플, 구글, 아마존, 마이크로소프트 등 글로벌 IT 기업의 최근 행보를 보면 '디지털 헬스케어' 분야는 유망한 것으로 보인다. 아마존은 2020년 11월에 온라인 약국 서비스 '아마존 파머시(Amazon Pharmacy)'를 출범했다. 소비자가 해당 시스템에 약물 복용 이력, 건강 상태, 알레르기 정보 등을 입력하고 의사에게 받은 처방전을 전송하면, 아마존이 해당 약을 구해 집으로 배송해주는 방식이다. 이 서비스를 활용하면 소비자는 약국에 방문할 필요 없이 웹사이트나 모바일 애플리케이션을 통해 간편하게 약을 주문하고 배달까지 받을 수 있다. 미국에는 의사의 판단에 따라 여러 번 약을 탈 수 있는 리필(Refill) 제도가 있다. 위장약, 고혈압 치료제 같은 만성질환 치료제가 그 대상이다. 이런 환자들은 아마존 파머시를 사용할 경우 편의가 더욱 높아질 전망이다.

#새롭게 등장한 '디지털 치료제'

디지털 치료제는 환자가 약을 먹거나 주사를 맞지 않아도 질병을 관리할 수 있다. 모바일 앱이나 소프트웨어 형태로 개인별 자가 진단과 치료가 가능하다.

그랜드 뷰 리서치(Grand View Research)에 따르면, 디지털 치료제 시장은 2025년에는 87억 달러(약 10조 원)에 달할 것으로 전망된다. 의약품과 같이 질병을 치료하고 건강을 향상할 수 있다는 것과 제약사가 보유한 약물 복약 순응도를 높일 수 있다는 것이 장점으로 작용할 수 있다는 분석이다.

현재 디지털 치료제 유형은 크게 3가지로 구분된다. 독립형과 증강형, 보완형이다. 독립형은 다른 약물의 개입 없이 독립적으로 질병을 치료하도록 설계된 것을 의미한다. 즉, 다른 치료제와 함께 사용할 수 있지만, 독립적으로 작동되어 기존 약물치료를 대체할 수 있다는 의미다.

독립형에서는 인지행동요법이라는 메커니즘이 많이 사용되고 있다. 인지행동요법이란 환자의 여러 행동과 인식을 바꾸는 장치를 뜻하며, 인지행동요법을 디지털 방식으로 전달해 다양한 상태를 치료할 수 있다. 대표적으로는 페어 테라퓨틱스의 리셋(reSET)이 있다. 리셋은 인지행동치료 모듈을 포함하고 있으며, 약물중독과 같은 정신적인 문제에 대한 치료를 도와주는 장치다. 의사의 처방에 따라 환자가 모바일 앱에 여러 약물중독이 발생하는 유발인자를 입력하고, 여러 행동요법에 대해 피드백을 받아서 치료하는 방식이다. 해당 앱을 통해 환자는 현재 상태를 점검하고 보고함으로써 정확한 인지행동치료를 받을 수 있다.

증강형은 단독으로 사용되는 것이 아니라 기존 치료법과 함께 사용해 치료 효과를 강화하는 방식이다. 대표적으로 오츠카제약과 프로테우스 디지털 헬스사가 함께 만든 아빌리파이 마이사이트(Abilify Mycite)가 있다.

아빌리파이 마이사이트는 오츠카제약의 조현병 치료제 아빌리파이(아리피프라졸)에 프로테우스 디지털 헬스사가 개발한 IEM(Ingestible Event Marker) 센서를 부착해 만들었다. 작용 기전을 살펴보면, IEM 센서가 구리와 마그네슘, 실리콘으로 구성되어 있어 위산과 반응해 전기신호를 발생시킨다. 발생한 신호는 피부에 부착한 패치에 의해 탐지되어 환자의 약물 복용 시점을 기록한다. 이를 환자와 보호자, 의사가 공유하면서 환자의 약물 복용 여부를 관리하는 시스템이다.

이외에도 프로펠러 헬스사의 프로펠러(Propeller)가 있다. 프로펠러는 만성폐쇄성 폐질환(COPD) 흡입약제 조절용 스마트 흡입기로, 치료제 흡입 시간을 기록해 흡입 시간이 되면 환자에게 알람으로 복용 시점을 알려준다. 또한, 흡입데이터는 자동측정되고 저장되어 개인의 데이터에 기반한 발병률을 예측하고 정보를 제공한다.

보완형의 경우, 여러 질병 상태를 자가관리하거나 개선하는 목적으로 만들어졌다. 비만이나 고혈압과 같은 생활습관 및 행동 요인이 중요한 질병에서 많이 이용된다. 대표적으로 오마다 헬스의 오마다 프로그램(Omada program)과 로슈의 마이슈거(mySugr)가 있다. 오마다 프로그램은 당뇨나 체중 관리를 위해 만들어진 프로그램이며, 마이슈거 역시 당뇨 질환을 관리하는 앱 형태의 디지털 치료제다.

#우리 생활 속 '스마트 의료기기'

데이터 기반 개인 건강관리 시스템

보건의료의 패러다임이 경험 의학, 근거기반 의학에서 데이터를 기반으로 하는 정밀 의학과 건강정보 연계기술 개발로 이동하고 있다. ICT의 발달로 건강정보에 대한 접근성이 향상되고, 국민의 건강에 대한 인식 수준이 높아지게 되어 개인 맞춤형 건강관리에 대한 기술 개발이 필요한 시점이다. 현행 법에서 허용되는 환자 모니터링 가이드라인을 제시해 시장 진입 불확실성을 해소하는 한편, 혁신제품에 대한 효과검증 R&D 지원이 필요하다.

웨어러블 헬스케어 기기

스마트폰 기반 건강 정보에 대한 수요급증에 따른 건강 정보를 개인이 쉽게 측정하고 관리할 수 있는 웨어러블 헬스케어 기기 기술 개발이 더욱 활발히 이뤄져야 한다. 헬스케어 서비스 연계를 위한 소형화 저전력화 관련 각종 웨어러블 기기 개발이 필요하다. 빅데이터, 인공지능, 유전자 분석 등의 혁신적인 기술을 통해 정밀의학, 개인 맞춤 의료, 예방의학으로 발전하면서 라이프로그 등 데이터 처리 및 분석기술 개발도 활발하게 진행 중이다.

고령친화 기기 및 시스템

고령화의 진전이 심화함에 따라 다양한 기기가 요구되고 있지만, 국내에서 관련 산업은 아직 대부분 수입에 의존하고 있기에 이에 대한 기술 개발이 필요하다. ICT 기술을 융합한 차세대 재활복지 의료기기 기술 개발이 중요한 이유다. 로봇 개념이 도입된 재활기기 및 일상생활 보조기기와 초고령화 사회 대응 고령자 편의를 위한 다양한 혁신 의료기기 개발이 필요하다.

뷰티케어 디바이스

향후 급격한 성장이 예상되는 가정용 뷰티케어 디바이스에 대한 기술 개발 투자 및 관련 규제에 대한 정비도 동시에 진행될 필요성이 있다. 약물전달 보조기기, 레이저, 고주파, LED 등 소형화가 비교적 용이한 기술군 위주로 가정용 뷰티케어 디바이스 개발이 활발하게 이뤄지고 있다. 피부진단, 관리 제품 추천 등 다양한 기능을 갖춘 스마트 뷰티케어 디바이스 및 서비스는 기존 피부과 의료기기 중소기업 및 빅데이터 서비스 업체 협력 연구 개발이 필요하다.

ICT 기반 지능형 영상진단 시스템

세계적으로 다양한 융복합형 내시경이 개발되고 있으며, 국내 기술 수준이 최고 기술 대비 부족하나 기술 추격이 가능한 분야다. 최근 초음파 진단기기의 활용도가 높아지는 추세로, 휴대형 초음파 진단기기의 국산화가 빠르게 진행되고 있다. 엑스선 등 방사선에 대한 피폭을 최소화하기 위해 저선량 방사선 진단기기에 대한 요구가 늘어나고 있어 이에 대한 중소기업의 개발 참여 기회도 열려 있다.

가까운 미래 우리 생활 속
'로봇'이 밀려온다

#2022년 CES 주인공은 '로봇'

2022년 세계 최대 가전쇼인 CES에서 로봇이 주인공으로 등장했다. 세계적인 기업들이 미래 먹거리 산업으로 점찍어둔 로봇들을 선보이며, 미래 라이프 스타일을 제안하는 차세대 기술을 한껏 뽐내기도 했다.

특히 국내 기업 가운데는 삼성전자와 LG전자가 실생활에서 활용 가능한 로봇을 선보여 눈길을 끌었다. 삼성과 LG가 제안한 내일의 일상에서는 로봇이 중추적인 역할을 한다. 단순히 삶을 더 편리하게 해주는 조수 역할을 넘어 '인생의 동반자'가 되어주는 상호작용 기능도 수행한다.

최근 로봇 사업을 본격화하고 나선 삼성전자는 이번 CES에서 '라이프 컴패니언(Life Companion, 동반자)' 로봇인 '삼성 봇 아이'를 최초로 공개했다. 이 로봇은 사용자 곁에서 함께 대화하며 이동하는 상호 작용 로봇으로, 사용자를 보조하는 기능과 함께 원격지에서 사용자가 로봇을 제어하는 '텔레프레즌스(Telepresence)' 기능을 탑재하고 있다. 팔을 뻗을 수 있어 잡일을 할 수 있는 가사 보조 로봇 '삼성 봇 핸디'도 함께 공개됐는데, 삼성은 삼성 봇 아이와 삼성 봇 핸디가 집 안에서 영상회의를 준비해주거나 저녁 식사를 위한 테이블 세팅을 해주는 모습을 시연했다.

삼성전자는 집 안에서 스마트 가전을 통해 사용자를 요정처럼 따라다니며 돕는 인공지능 조수 'AI 아바타'도 선보였다. 삼성의 독자 인공지능 기술로 개발된 AI 아바타는 언제 어디서나 사용자가 필요한 일을 대신해주는 개념의 조수(라이프 어시스턴트)로, 대화 및 위치 인식과 더불어 사물인터넷(IoT) 가전 제어 등의 역할을 할 수 있다. UWB(Ultra Wide Band, 초광대역통신) 위치 인식 기술을 통해 AI 아바타가 TV와 냉장고 등 고객과 가까운 스마트 가전 디스플레이로 옮겨 다니며 사용자의 일상을 돕는 방식이다.

LG전자는 안내 로봇인 LG 클로이 가이드봇, LG 클로이 서브봇, 실내외 통합배송 로봇 등 인공지능을 접목한 로봇을 소개하고, 사람과 공존하고 삶을 더욱 편리하게 만들어주는 일상을 제안했다. 현대자동차 정의선 회장은 '로봇개'로 불리는 4족 보행 로봇 '스팟'과 함께 CES 무대에 등장하기도 했다.

이러한 분위기는 국내 기업들이 얼마나 로봇 산업에 큰 매력을 느끼고 있는지 보여주는 하나의 사례일 것이다. 로봇 산업은 기계와 전기·전자, 정보 기술 등 복합적인 첨단 기술들이 유기적으로 결합, 융합된 분야로, 미래 핵심 기술이 총망라되어 있으며, 지식 집약형 기술로서 고부가가치를 창출할 수 있는 기술로 각광받고 있다.

#로봇 산업은 선택이 아닌 필수다

로봇 산업은 지능형 로봇 자체가 가진 메커트로닉스의 고유 속성, 반도체 산업 등과 같은 IT 산업, 제조업, 소프트웨어 산업 및 지식서비스 산업의 특징을 모두 포함하고 있는 기술 집약형 첨단산업이면서 장기적으로 대규모 연구 개발 투자가 요구되어 시장 선점 효과가 큰 산업이다.

대다수의 로봇 업체들은 사업 초기부터 로봇만을 전문적으로 생산하는 경우는 드물며, 기계, 전기·전자 및 IT 분야의 전문 기술을 보유한 기업들의 시장 진입이 많은 편이다. 이러한 기업들은 초기 단계에서는 로봇을 자체 작업 현장에서 주로 활용하다가 점차 기술 개발을 통해 로봇 시장에 진입하는 경우가 많다. 전 세계적으로 로봇만을 전문적으로 생산하는 업체보다는 타 산업과 겸업하는 업체가 더 많은 수를 차지하고 있다. 타 분야로의 기술 파급 효과가 큰 첨단 기술의 복합체로서 장기적으로 대규모 연구 개발 투자를 통해 시장 선점 효과와 산업 전후방 파급 효과가 큰 산업이다. 전후방 산업에 미치는 파급 효과가 큰 로봇 산업은 대기업 간에 그리고 대기업과 중소기업 간에 전문화 및 계열화,

네트워크가 활발하게 이뤄질 수 있는 특성이 있다.

#가정용부터 산업 로봇까지

협동 로봇-인간과 공존하는 사람을 돕는 로봇

법적으로 출력이 80W 미만인 로봇으로 사람을 대신해 도입할 수 있어서 로봇 전용 제조 라인을 구축할 필요가 없고 도입 비용도 절감할 수 있다. 노동자의 일자리를 뺏지 않고 사람과 협업해 생산·노동 능률을 향상하는 방향으로 발전하고 있으며, 인공지능과 ICT 융합 기술이 더해지며 지능형 로봇으로 성장 중이다.

국제표준화기구(ISO)의 정의에 따르면, 산업용 로봇은 로봇이 동작하는 동안 작업자의 안전을 고려해 안전펜스 등을 설치해 로봇과 인간의 작업 영역이 구분된 개념을 가지고 있다. 로봇의 작업 영역에 인간이 개입하면 인간이 다치거나 로봇 작업에 방해가 될 수 있는 영역으로 로봇의 작업 영역에 인간 작업자의 접근을 철저하게 통제하는 로봇이다. 협동 로봇은 산업용 로봇과는 달리 인간과 공존할 뿐만 아니라 작업 또는 임무 기획 및 수행 시 파트너로서 공생할 수 있다.

스마트 로봇

제조업 분야에서의 산업용 로봇뿐만 아니라 의료 현장에서의 자동 진단 및 치료 기기, 주거 및 상업 장소에서의 청소 로봇, 농업 현장에서의 자율 트랙터 등 다양한 산업 분야에 적용된다. 자동차, 제조, 의료, 식음료, 소비재를 포함한 북미 최종 산업 분야에서 특히 스마트 로봇 수요가 크게 늘고 있다. 미국 전역의 벤처캐피털 회사는 미국 스마트 로봇 시장 성장을 지원하기 위해 로봇 기술 스마트업에 대한 투자를 늘리고 있으며, 2018년 스마트 로봇 관련 스타트업에 9억 3,300만 달러를 투자하기도 했다.

물류 로봇

코로나 팬데믹으로 인한 언택트 기조 확산으로 전자상거래 시장 성장에 따라 유통 시장이 오프라인 중심에서 온라인 중심으로 변화하며 물동량이 급증하고 있다. 고령화 및 생산성 향상 등 경제 사회적 현안 해소 방안으로 물류 로봇 시장의 잠재 성장력이 매우 높은 상황이다.

물류 활동을 요하는 제조 유통업과 물류 전문 서비스업의 경우 물동량의 급격한 증대와 고령화 등 환경 변화로 인해 인공지능 빅데이터 등 디지털 신기술을 활용한 로지스틱스4.0 체제 구축 필요성이 고조되면서 물류 로봇이 주목받고 있다. 특히 물류 산업은 전통적인 노동집약적 산업이고, 물류 센터 등 협소한 공간에서 단순 반복적인 작업이 이뤄져 타 산업 대비 로봇 활용도가 높다. 활용 분야별로 살펴보면 공장 물류용, 물류 창고용, 옥내외 운송용이 있는데, 가장 많이 활용되는 모델은 무인 운반차와 자율 이동 로봇 등이다.

애플·디즈니까지
미디어 산업의 미래 'OTT'

#<오징어 게임>이 탄생한 OTT

OTT 서비스란 인터넷을 통해 언제 어디서나 미디어 콘텐츠를 시청할 수 있는 온라인 서비스다. Over The Top(셋톱박스를 넘어)의 약어로 셋톱박스라는 기기에 국한되지 않고, 다양한 기기를 통해 서비스를 제공하겠다는 의미다. OTT 서비스와 비슷한 말로 N스크린이란 용어가 있는데, 이 또한 N개의 기기에서 시청할 수 있다는 의미다. OTT 서비스란 용어가 대중화되면서 요즘에는 잘 쓰고 있지 않다.

OTT 시장은 코로나19가 확산되면서 집에 있는 시간이 늘고, 개인 활동 시간이 증가하자 더욱 주목받고 있다. 과학기술정보통신부에 따르면 글로벌 OTT 시장은 2014년 17조 원에서 2018년에는 46조 원으로 크게 성장했다. 국내 OTT 이용률은 2018년 42.7%에서 2019년에는 52%로 성장세를 이어가고 있다.

OTT의 가장 큰 특징은 인터넷(IP) 망을 통해 동영상이 전송된다는 것이다. 시청 기기가 주로 TV로 고정되어 있는 기존의 방송망과 달리, OTT는 인터넷에 접속될 수 있는 다양한 기기들의 이용이 가능하다. PC에서는 웹브라우저를 통해, 스마트TV, 스마트폰, 태블릿 등의 기기에서는 애플리케이션(App)을 다운받아 이용하게 된다. 사용자 UI 측면에서 TV는 채널 이동 등 단순한 조작만 가능하고, 셋톱박스도 리모컨으로 조작되는 메뉴 선택형 UI를 갖춰 기능이 단순하고 반응 속도가 느리다. 이에 반해 OTT는 스마트폰, 태블릿에서는 앱 실행을 통해 터치 인터페이스로 간편하고 빠르게 조작 가능하며, 별도의 OTT 플레이어를 이용하더라도 앱과 유사한 형태의 통일성 있는 UI를 구현한다. 또한, 이용 콘텐츠, 시청 시간, 장르 등 개인의 동영상 시청 행태를 기록해 개인화된 추천과 검색, 콘텐츠 큐레이션을 제공하는 것도 OTT만의 강점이다.

방송 형태	특징
TV방송	순차적으로 방송국 편성 시간에 따라 제공되는 콘텐츠를 순차적으로 시청
IPTV	유료방송, 가정에서 셋톱박스를 연결해 다양한 채널과 VOD를 시청
OTT	장소와 기기에 국한되지 않고 인터넷을 통해 원하는 방송 콘텐츠를 시청

#1인 가구 증가, 코로나19 팬데믹으로 인한 산업 성장
인터넷, 스마트폰 보급 확대 등 기술 환경의 변화로 개인 중심 시청 형태 변화가 가장 큰 요인이다. 기술적으로 대용량 인터넷 회선 보급과 스마트폰 사용이 확대됨에 따라 미디어 시청 패턴이 가구 중심에서 개인 중심으로 변화할 수 있는 기반이 마련됐다. 연령이 낮을수록 스마트폰을 필수 매체로 인식하고, 개인 중심의 시청 스타일을 고수하는 경향이 강해 콘텐츠 사업자들 입장에서는 기존 TV 시장에서 벗어나는 주력 시청자층을 확보하기 위한 변화된 서비스 제공 필요성이 대두됐다. 기다리지 않고 원하는 시간, 원하는 장소에서 개인이 원하는 콘텐츠를 구독할 수 있는 서비스에 대한 니즈는 더욱 커질 것이다.

#언제 어디서나 시청할 수 있다

OTT는 다양한 유통 채널, 콘텐츠 라이브러리 차별화, 저렴한 요금, 개인화 기능 등의 특징을 갖고 있다. OTT는 다수의 채널에서 서비스를 제공한다. 스마트폰, 태블릿, 스마트TV에서의 앱 다운 및 실행을 통한 서비스와 함께, 다수의 OTT 전용 단말에서 전용 앱을 다운받아 이용할 수 있다. 로쿠(Roku)와 같이 서드파티에서 제작한 OTT 전용 미디어 플레이어를 통해 넷플릭스, 훌루(Hulu) 등 복수의 OTT 서비스를 이용 가능한 개방형 생태계를 갖추고 있다.

OTT 플랫폼은 차별화된 콘텐츠 라이브러리를 갖추기 위해 전력을 다하고 있다. 특히, 유료 구독형 수익 모델 기반의 OTT 서비스들은 IPTV, 케이블 방송과 같은 유료 방송과 달리 약정이 없어서 월 단위로 요금을 결제하는 가입자들이 언제든 이용을 해지할 수 있다는 위험 부담을 안고 있다. 이 때문에 차별적인 콘텐츠를 지속해서 제공해 가입자들을 유지해야 한다는 부담은 OTT 서비스에서만 독점적으로 이용 가능한 오리지널 콘텐츠 제작과 확보 경쟁으로 이어지고 있다. 여기서 비롯되는 강력한 콘텐츠 경쟁력은 다시 가입자 유치 및 유지(Lock-in) 효과로 이어지는 선순환 비즈니스 모델 구조를 형성하고 있다.

OTT의 10달러 내외 저렴한 요금은 유료 방송 구독자들이 기존 서비스를 해지하고 OTT로 옮겨가는 이른바 '코드커팅(Cord-Cutting)' 현상을 일으키는 원동력이다. OTT 서비스가 낮은 요금을 유지할 수 있는 비결은 전송망을 내부화한 케이블, IPTV 등 유료 방송과 달리, 일종의 공공재인 인터넷망을 전송 인프라로 활용하는 데 있다. 또한, OTT 서비스 사용자는 개인 계정으로 로그인해 인터넷으로 데이터를 주고받기 때문에 개인이 이용한 콘텐츠 제목, 장르, 시청 시간, 영상 재생 중 전후 이동 패턴과 같이 구체적인 이용 행태를 수집할 수 있다. 이 같은 데이터를 기반으로 선호할 만한 콘텐츠를 추천하거나 맞춤화된 검색과 큐레이션을 제공하는 개인화 기능을 구현할 수 있다는 점도 OTT만의 차별적인 경쟁력이다.

#국내 업체와 해외 업체 간 경쟁

국내 ICT 국책 연구 기관인 정보통신정책연구원(KISDI)이 파악한 자료에 따르면, 국내 유료 OTT 플랫폼 서비스별 월 사용자 수는 2021년 11월 기준, 웨이브 457만 명, 넷플릭스 315만 명, 티빙 396만 명, 쿠팡플레이는 298만 명으로 집계됐다. 최근에는 유료 가입자 수가 크게 늘고 있는 것이 가장 큰 특징 중 하나다. 실제로 방송통신위원회가 발행한 '2021 방송매체 이용행태 조사'의 OTT 이용자 섹션에 따르면, OTT 이용률은 전체 응답자의 69.5%로, 전년(66.3%)보다 3.2%포인트 증가했다. 주로 이용하는 서비스는 유튜브(65.5%), 넷플릭스(24%), 티빙·웨이브(각각 4.4%)순이었다. 특히 유료로 OTT 서비스를 이용한 비율은 34.8%로, 전년(14.4%) 대비 20.4%포인트 급증했다. 또 OTT 서비스 이용시간은 2019년 1시간 → 2020년 1시간 16분 → 2021년 1시간 20분 등으로 지속해서 상승하는 모습을 보였다.

#해외는 이미 대세로 자리 잡은 OTT
2020년, 세계 OTT 시장 규모는 전년 대비 약 18% 증가한 1,100억 달러 규모로 추산했다. 2021년은 약 15% 성장해 1,260억 달러 규모로 추정된다.

유료 가입자 수 기준으로는 넷플릭스가 2020년 한 해 동안 3,700만 명을 늘리며 2020년 말 기준, 가입자 수 2억 370만 명을 기록하며 선두를 유지하고 있다. 이어 아마존 프라임이 1억 5천만 명, 디즈니플러스가 1억 3,700만 명 수준이다. 2019년까지 북미 중심으로 성장해온 글로벌

OTT 시장은 넷플릭스의 독주와 그 뒤를 따르는 아마존 프라임의 2강 체제가 확고했으나 2019년 9월에 설립된 디즈니플러스가 막대한 콘텐츠 보유 능력을 기반으로 런칭 1년 만에 가입자를 1억 명 이상 유치하며 3강 체제로 변모 중이다. OTT 콘텐츠 투자액으로는 넷플릭스가 2020년 한 해 동안 160억 달러를 투자했다. 이어 아마존 프라임 70억 달러, 애플TV 플러스 60억 달러, 디즈니플러스는 17.5억 달러 수준이다. 넷플릭스의 경우 2020년 신규 가입자의 83%를 북미 외 지역에서 유치하는 등 시장 성장의 중심이 북미에서 아시아, 남미 등으로 이전 중이다.

#넷플릭스는 어떻게 OTT 절대 강자가 됐나

넷플릭스는 2016년 1월에 처음 국내 서비스를 시작한 이후 폭넓은 사업 행보를 보였다. 서비스 초기에는 볼 만한 콘텐츠가 부족하다는 평가였지만, 국내 제작사와 공동으로 제작해 독점 스트리밍 권한을 확보하는 독점 콘텐츠와 함께, 라이선스 구매를 통해 라이브러리에 다수의 한국 드라마를 추가하고 있다. 이에 대해 국내 언론에서는 넷플릭스의 국내 시장 '침공'이라는 표현을 쓰며, 넷플릭스 관련 기사를 내고 있다. 시장에서 직접적인 경쟁에 맞닥뜨리게 될 국내 OTT 관련 사업자들 또한 높은 경계감을 나타내고 있다. 2016년~2017년이 넷플릭스가 국내 시장 동향을 파악하고 적응하는 기간이었다면, 2018년은 시장 공략이 본격화되면서 폭발적인 성장세가 나타난 해였다.

와이즈앱에 따르면, 2018년에 국내 넷플릭스 앱 사용자 수는 1월 34만 명에서 12월에는 127만 명으로 273% 증가했다. 또한, 국내 시장 조사 업체인 닐슨코리안클릭에 따르면, 2019년 1월 넷플릭스 서비스의 추정 순이용자 수는 전월 대비 65.6%가 늘어나 200만 명을 넘어선 것으로 알려졌다. 이는 넷플릭스가 2019년 1월에 선보인 국내 최초의 독점 오리지널 드라마 〈킹덤〉에 힘입은 것으로 보인다.

와이즈앱에 따르면, 국내의 넷플릭스 유료 이용자 수 또한 2018년 12월 90만 명에서 2021년 11월 315만 명으로 증가한 것으로 추정된다. 넷플릭스는 1개월 무료 이용 기간을 제공하기 때문에 당초 무료 사용 후 해지하는 비율이 높아 유료 결제 이용자 증가는 예상보다 크지 않았는데, 2021년 〈오징어 게임〉 등을 시작으로 국내 제작 콘텐츠가 크게 늘면서 가파른 성장세를 보였다. 국회 양정숙 의원실이 공개한 자료에 따르면, 넷플릭스의 2020년 국내 총매출은 4,154억 원에 달하는 것으로 공개됐다.

#OTT로의 시청 패러다임은 가속

이미 OTT로의 미디어 시청 패러다임이 변화되고 있는 와중에 코로나 팬데믹 상황은 이에 더욱 불을 붙였다. 디즈니플러스(디즈니+)와 애플 TV가 국내 시장에 본격 진출하며, OTT 시장의 총성 없는 전쟁을 예고하고 있다.

오히려 여러 OTT를 구독하는 멀티 구독자가 늘어나며 '오리지널 콘텐츠' 경쟁은 치열해질 것으로 전망된다. 실제 글로벌 OTT 시장을 선도하는 넷플릭스의 경우, 위드 코로나와 함께 경제활동이 재개되며, 신규 가입자 증가세가 둔화할 것으로 내다봤으나 막상 2021년에 발표한 3분기 실적에선 반전이 일어났다. 〈오징어 게임〉과 같은 한국 오리지널 콘텐츠가 히트를 치며 오히려 큰 폭의 성장세를 기록했기 때문이다. 넷플릭스는 2021년 3분기 전 세계 가입자 수는 신규 유료 가입자 440만 명을 포함해 2억 1,360명을 기록했다고 밝혔다. 이는 당초 넷플릭스 예상치 350만 명, 시장 예상치 384만 명을 크게 웃도는 수치다. 아시아태평양지역에서만 220만 명이 새로 가입했고, 미국·캐나다에선 7만 3,000명이 늘었다. 2020년 말 기준, 넷플릭스의 국내 유료 구독자 수는 약 380만 명이다. 바야흐로 OTT 전성시대라고 할 수 있다. 기존 지상파 방송과 케이블 방송을 뛰어넘는 콘텐츠를 직접 제작하면서 미디어 시장 강자로 떠오른 것이다. 향후 이런 추세에 발맞춰 OTT 서비스는 점차 개인 특화된 서비스로 발전될 것이다. 현재와 같은 알고리즘 패턴 추천이 아닌, 가입자 플랫폼 간에 서로 소통하며 원하는 콘텐츠를 찾아주는 방식으로 발전할 가능성이 크다.

초개인화 시대
개인 맞춤형 서비스 '구독 경제'

#인터랙 시대의 소비 구독 경제란?

소비의 목적이 점차 소유에서 경험으로 바뀌고 있다. 소비자가 상품을 구매하고 '소유'하던 구조에서, 돈을 내고 상품을 '이용·경험'하는 방향으로 소비 구조의 전환이 관찰된다. 특히나 초개인화 시대로 접어들수록 이런 소비 패턴은 점점 증가하고 있다. 이런 가운데 요즘엔 고객의 취향에 맞는 맞춤형 구독 경제가 큰 인기를 끌고 있다. 일종의 소비자와 생산자와의 교류를 통해 맞춤형 소비를 이끌어낼 수 있다는 점이 가장 큰 특징이다.

구독은 신문이나 잡지 같은 정기 간행물을 구입해 받아보는 것을 뜻한다. 최근에는 소비자가 정해진 금액을 일정 기간 지불하고, 필요한 물건이나 서비스, 디지털 콘텐츠 등을 정기적으로 받아보거나 이용하는 행위를 뜻하는 단어로 의미가 확장되고 있다.

구독이라는 행위 자체의 핵심은 '정기적'이라는 데 있다. 한편 구독 경제란, 재화나 서비스를 구매·소유하는 것보다 적은 금액으로 구독하는 경제활동을 일컫는다.

전통적인 구독 비즈니스로 대표되는 신문, 우유 배달, 잡지 외에 식료품, 화장품, 패션, 가구, 가전 심지어는 자동차, 공간까지 구독할 수 있는 구독의 시대다. 디지털 콘텐츠와 같은 무형의 서비스도 구독으로 경험이 가능해지면서 소비자의 구독 선택권이 점차 확대되고 있다. 구독하는 방식도 여러 가지다. 구독 서비스의 유형은 상품군과 제공 방식에 따라 멤버십형, 렌털형, 정기배송형 등으로 나뉜다.

첫째, 멤버십형 구독을 통해 소비자는 일정 주기에 맞춰 이용료를 지불하고, 사업자가 제공하는 재화나 서비스를 무제한 또는 부가적으로 이용할 수 있다. 주로 OTT 및 음원 스트리밍 서비스나 이커머스 유통 업체가 유료 멤버십 형태의 구독 서비스를 제공한다. 멤버십형은 각각의 제품·서비스를 구매할 때보다 더 큰 가치를 얻을 수 있을 때 비용 절감이 가능한 것이 특징이다.

둘째, 렌털형 비즈니스 모델은 한 번에 비싼 금액을 내고 사기에는 다소 부담이 될 만한 가구나 자동차와 같은 내구재, 럭셔리 제품 등의 품목에 흔히 적용되는 유형이다. 공급자는 제품·서비스를 소비자에게 대여해주는 대가로 매달 일정한 요금을 수취한다. 대개 공급자가 렌털 기간 중 정기점검 등의 관리 서비스를 제공하기 때문에 소비자는 한 번에 목돈을 들이지 않고 제품을 이용하며 제품이 제공하는 가치를 느낄 수 있는 이점이 있다.

셋째, 정기배송형이다. 소비자가 필요로 하는 상품에 대해 주기를 지정해 받아볼 수 있는 비즈니스 모델이다. 상시 구매하던 과정과 행위 자체가 간소화되어 구매의 효율성이 증대된다. 일반적으로 생수, 요거트, 기저귀 등 생활필수품과 같은 소모품 성격의 소비재가 정기배송 유형으로 다수 제공된다. 최근 꽃, 전통주 등 소비자 개인의 선호도에 따라 취향이 나뉘는 품목에는 큐레이션·인공지능(AI) 등 ICT(정보통신 기술)가 접목되어 맞춤형 정기배송 서비스로 제공되고 있다. 큐레이션 기반의 정기배송 서비스는 소비자 입장에서 비교·검색·결제 등 구매과정 일부가 생략되므로 소비자의 구매 편의성을 높일 수 있다는 점이 특징이다.

#왜 우리는 구독 경제에 주목해야 하는 것일까?

상품을 생산해 판매·구매하는 상품 경제의 시대에 이어 경험이 경제적 가치를 지니는 경험 경제(Experience Economy)가 부상했다. 제품으로 인해 소비자 본인이 얻을 수 있는 긍정적인 경험과 만족도를 고려해 구매를 결정하는 소비자가 늘었다. 경험하기 위해 기꺼이 돈을 내는 소비자가 적지 않다. 이처럼 소비 성향과 소비 패턴이 변화하면서 기업도 소비자에게 단순히 제품을 판매하는 데 그치지 않고, 비즈니스 형태가 다 변화하고 있다.

소비자의 주요 소비 대상이 유형의 것에서 무형의 서비스로 점차 전환되고 있으며, 시장 환경 변화와 복합적으로 맞물리며 구독 경제의 성장이 한층 가속화되고 있다. 소유보다 경험에 가치를 두는 경향이 짙어질수록 구독 경제는 더욱 확산할 것으로 보인다.

오늘날 구독 경제가 빠르게 부상하는 주요 배경에는 사회적·기술적·경제적 등 외부환경적 요인에 따른 소비 트렌드 변화가 상당한 영향을 미치는 것으로 분석된다. 이에 인구구조적 변화, 디지털 기술의 발전, 경제적 환경 변화 양상과 소유에서 구독으로 이동하는 소비 패턴을 함께 살펴보자.

첫째, 인구구조적 변화가 소비의 패턴을 말해준다.

저출산, 고령화와 더불어 만혼화, 비혼 인구 증가 등 다양한 사회 현상과 인구구조적 변화가 맞물려 나타나고 있다. 전체 가구 규모에서 1인 가구 및 2인 가구는 전체 가구의 60%에 육박하며 절반을 넘어섰다.

소규모 가구는 필요한 양을 그때그때 구매해 사용하는 것을 선호하는데, 이처럼 라이프 패턴이 다양해지면서 소비자들은 각자에게 맞는 제품·서비스를 선택적으로 구매하는 모습을 보인다. 낭비 없는 소비 생활을 추구하는 오늘날 소비자에게 구독 경제는 최적의 대안인 셈이다.

기존 소비 시장을 이끌던 베이비부머·X세대에서 MZ세대로의 소비

세대 전환 또한, 구독 경제 부상의 주요 요인으로 꼽힌다. 세대별로 형성하고 있는 라이프 스타일이 다르게 나타나기 때문이다. 베이비부머 세대와 X세대 대비 의식주가 모두 갖춰져 있는 풍족한 환경에서 자라온 MZ세대는 소유에 대한 갈망이 비교적 적은 편이다. 이에 소유보다는 실질적 사용 가치와 자신의 직접적인 경험을 더욱 중시하는 경향을 보인다.

새로운 제품이 빠른 속도로 생겨나고 발전하는 현실 속 상당수의 MZ세대 소비자는 여러 가지 물건을 사용해보고 싶어 하며, 다양한 서비스를 체험해보기를 원한다. 합리적인 가격으로 다양한 욕구를 충족하기 위해 구독을 택하는 소비자가 늘고 있다.

한편 이들은 특정 업무에 투입되는 자신의 노동과 시간 단축의 가치를 아주 높게 평가한다는 점이 기성세대와 다르다. 의류 관리와 스타일링을 한 번에 해결할 수 있는 의류 구독 서비스, 와인은 마시고 싶지만 고르는 게 귀찮은 소비자를 위한 큐레이션 와인 구독 서비스, 매일 입어야 하지만 관리하기는 번거롭고 귀찮은 셔츠 정기배송 등이 효율성을 중시하는 성향이 있는 MZ세대에 호응을 얻고 있다. 아울러 MZ세대는 남들과 차별화되지 않은 공장에서 찍어낸 듯한 제품에는 쉽게 지갑을 열지 않는다. 개인화 구독 서비스는 자신만의 '개성'을 살릴 만한 제품·서비스를 선호하는 MZ세대에게 안성맞춤이다.

둘째, 디지털 기술의 발전이 소비 패턴을 말해준다.

구독 경제 확산의 주요 요인으로 ICT의 발달과 디지털 트랜스포메이션(Digital Transformation)을 꼽을 수 있다. ICT 발전으로 많은 기업이 디지털 플랫폼을 통해 다양한 제품·서비스를 제공할 수 있게 됐다.

소비자 역시 오프라인상에서의 제품·서비스에 집중됐던 소비 영역을 디지털 콘텐츠 등으로 점차 넓혀 나가고 있다. 아울러 음악이나 영상 파일을 다운로드하기보다 스트리밍으로 콘텐츠 소비 방식이 바뀌고 있고, 플랫폼상에서 디지털 콘텐츠를 구독하는 소비자도 많아졌다. 디지털 시대를 맞이해 소비자는 바깥으로 직접 나서지 않더라도 언제 어디서든지 다양한 서비스를 경험할 수 있게 되는 등 자유로운 소비 생활이 가능하게 됐다. 이와 같은 라이프 스타일 변화와 함께 디지털 플랫폼 관련 시장의 성장과 디지털 콘텐츠 제공 방식이 구독으로 전환되고 있다.

셋째, 경제적 환경 변화가 소비 패턴을 말해준다. 세계적으로 코로나 19 장기화에 따른 경기 불확실성이 커지고 있다. 현실 속 예기치 못한 소득 감소를 겪은 소비자가 늘면서 소비 심리도 위축되는 상황이다. 이런 상황에서 소비자들은 한 번에 무리한 지출을 하기보다는 필요한 만큼 구매하는 편을 선호한다. 당분간 소비자들은 합리적인 소비를 지향할 것이다. 따라서 개별 제품을 구매하는 것보다 저렴한 가격으로 보다 많은 가짓수의 제품·서비스를 이용할 수 있는 구독 서비스에 눈을 돌리고 있다. 향후 구독 서비스의 종류는 점차 확대될 것이다. 생필품뿐 아니라 현재는 꽃 배송까지 구독 서비스의 종류는 획기적으로 증가하고 있다. 이런 시장 상황을 반영해 구독경제 시장은 성장세를 지속할 것으로 예상된다. 아울러 코로나19 확산으로 외부 활동이 줄어드는 대신 디지털 콘텐츠에 대한 수요가 늘면서 이용자의 시간과 지갑을 점유하기 위한 구독 서비스 기업 간 경쟁이 더욱 치열해질 것으로 보인다.

#코로나19 및 경기 불확실성으로 가속화되는 구독 경제

전 세계적인 코로나19 장기화에 따른 경기 불확실성이 커지고 있는 현실 속에서 예기치 못한 소득 감소를 겪는 소비자가 늘면서 소비 심리도 위축되고 있다. 안정적인 소득을 보장받기 어려운 때일수록, 소비자들은 한 번에 무리한 지출을 하기보다는 필요한 만큼 구매하는 편을 선호하는 경향을 보이게 마련이다. 최근 새로운 변이인 오미크론이 크게 확산하고 있는 만큼 소비자들은 지갑 열기를 주저할 것으로 보인다. 합리적인 소비를 지향하는 소비자가 늘면서 개별 제품을 구매하는 것보다 저렴한 가격으로 더 많은 가짓수의 제품·서비스를 이용할 수 있는 구독 서비스에 눈을 돌리고 있다.

한국농수산식품유통공사에 따르면, 국내 소셜미디어(블로그)상에서 키워드 '구독 경제'가 언급된 횟수는 코로나19 이전 대비 코로나19 발생 이후 대폭 확대된 것으로 조사됐다. 코로나19가 일상생활에 영향을 미치기 시작한 이후를 '애프터 코로나19(After COVID-19)', 코로나19 발생 이전을 '비포 코로나(Before COVID-19)'라고 부를 만큼 코로나19는 라이프 스타일에 적지 않은 영향력을 행사하고 있다. 조사기간 중 애프터 코로나 시기에 해당하는 2020년 2월, 4월, 6월 동안 소셜미디어상에서 구독 경제가 언급된 횟수는 2,013건으로 나타났으며, 이는 전년 동기간 453건 대비 4.4배 증가한 수준이다. 코로나19 발발과 함께 언택트 소비가 일상화되고, 보다 편리한 생필품 구매의 필요성을 인지한 소비자가 늘면서 구독 서비스 모델에 관심을 두는 것으로 분석된다. 소비자가 이용할 수 있는 품목과 서비스 종류가 확대되면서 구독 경제 시장은 성장세를 지속할 것으로 예상한다. 아울러 코로나 19 확산으로 외부 활동이 줄어드는 대신 디지털 콘텐츠에 대한 수요가 늘면서 이용자의 시간과 지갑을 점유하기 위한 구독 서비스 기업 간 경쟁이 더욱 치열해질 것으로 보인다.

#화장품부터 술까지 산업으로의 확산

과거 오프라인을 주 무대로 이뤄지던 구독 비즈니스가 디지털 플랫폼으로 옮겨가면서 전 산업 영역으로 확대되는 모습이다. 오늘날의 디지털 구독 경제는 정기적으로 반복되는 서비스에서 ICT가 접목된 맞춤형 서비스로 진화하고 있다. 취향에 맞는 개인화된 경험과 편리함을 제공하며 많은 소비자의 호응을 얻고 있는 디지털 구독 모델은 다양한 영역에서 주류 비즈니스로 부상할 것으로 기대한다.

디지털 구독 경제는 라이프 스타일과 밀접한 영역 곳곳에 자리하며 소비자 일상에 스며들어 있다. 각 업계에서는 제2의 넷플릭스를 표방하며 소비자가 선택할 수 있는 구독 서비스의 스펙트럼을 다변화해 나가는 움직임이 관찰된다. 특히 발 빠른 스타트업·벤처 기업은 다양한 형태의 구독 서비스로 소비자를 유인하고 있다. 각 산업 영역에서 영향력을 확대해오고 있던 기존 기업들도 구독 경제 시장을 주도하는 작은 규모 스타트업의 공세에 대응해 자사 비즈니스 모델 중 일부를 구독 모델로 전환하거나 구독 비즈니스 관련 스타트업을 물색하고 M&A(인수·합병)에 한창이다.

```cpp
                                       const xmlChar *name,
                                       const xmlChar **attributes)
  {
    Context *context = (Context *)voidContext;

    if (COMPARE((char *)name, "TITLE"))
    {
      context->title = "";
      context->addTitle = true;
    }
    (void) attributes;
  }

  //
  // libxml end element callback function
  //
  static void EndElement(void *voidContext,
                         const xmlChar *name)
  {
    Context *context = (Context *)voidContext;

    if (COMPARE((char *)name, "TITLE"))
      context->addTitle = false;
  }

  //
  // Text handling helper function
  //
  static void handleCharacters(Context *context,
                               const xmlChar *chars,
                               int length)
  {
    if (context->addTitle)
      context->title.append((char *)chars, length);
  }

  //
  // libxml PCDATA callback function
  //
  static void Characters(void *voidContext,
                         const xmlChar *chars,
                         int length)
  {
    Context *context = (Context *)voidContext;

    handleCharacters(context, chars, length);
  }

  static void cdata(void *voidContext,
                    const xmlChar *chars,
                    int length)
  {
    Context *context = (Context *)voidContext;

    handleCharacters(context, chars, length);
  }

  static void StartElement(void *voidContext,
                           const xmlChar *name,
                           const xmlChar **attributes)
  {
    Context *context = (Context *)voidContext;

    if (COMPARE((char *)name, "TITLE"))
    {
      context->title = "";
      context->addTitle = true;
    }
    (void) attributes;
```

```cpp
  CURLcode code;

  conn = curl_easy_init(

  if (conn == NULL)
  {
    fprintf(stderr, "Fai

    exit(EXIT_FAILURE);
  }

  code = curl_easy_setop
errorBuffer);
  if (code != CURLE_OK)
  {
    fprintf(stderr, "Fai
code);

    return false;
  }

  code = curl_easy_setop
  if (code != CURLE_OK)
  {
    fprintf(stderr, "Fai
er);

    return false;
  }

  code = curl_easy_setop
1L);
  if (code != CURLE_OK)
  {
    fprintf(stderr, "Fai
errorBuffer);

    return false;
  }

  code = curl_easy_setop
writer);
  if (code != CURLE_OK)
  {
    fprintf(stderr, "Fai
errorBuffer);

    return false;
  }

  code = curl_easy_setop
&buffer);
  if (code != CURLE_OK)
  {
    fprintf(stderr, "Fai
errorBuffer);

  return true;
}
static bool init(CURL *&
{
  CURLcode code;

  conn = curl_easy_init(

  if (conn == NULL)
  {
    fprintf(stderr, "Fai

    exit(EXIT_FAILURE);
  }
```

Part 3

인터랙 시대,
주목해야 하는 유망 직업

취업 전쟁 시대다. 대기업들은 점차 신규 공채 채용을 줄이고 있고, 경력이 쌓인 숙련된 사람을 요구한다. 사회는 시시각각 변해가면서 사라지는 직업도 있고, 새로 생기는 직업도 있는 등 다양하다. 이번 장에서는 4차 산업혁명 이후 인터랙 시대가 도래하면서 유망 직업으로 꼽히는 직업에 관해 이야기하고자 한다. 책을 보는 독자들에게 미약하나마 도움이 됐으면 좋겠다.

```
                              const xmlChar *name,
                              const xmlChar **attributes)
            {
              Context *context = (Context *)voidContext;

              if (COMPARE((char *)name, "TITLE"))
              {
                context->title = "";
                context->addTitle = true;
              }
              (void) attributes;
            }

            //
            // libxml end element callback function
            //

            static void EndElement(void *voidContext,
                              const xmlChar *name)
            {
              Context *context = (Context *)voidContext;

              if (COMPARE((char *)name, "TITLE"))
                context->addTitle = false;
            }

            //
            // Text handling helper function
            //

            static void handleCharacters(Context *context,
                              const xmlChar *chars,
                              int length)
            {
              if (context->addTitle)
                context->title.append((char *)chars, length);
            }

            //
            // libxml PCDATA callback function
            //

            static void Characters(void *voidContext,
                              const xmlChar *chars,
                              int length)
            {
              Context *context = (Context *)voidContext;

              handleCharacters(context, chars, length);
            }

            static void cdata(void *voidContext,
                              const xmlChar *chars,
                              int length)
            {
              Context *context = (Context *)voidContext;

              handleCharacters(context, chars, length);
            }

            static void StartElement(void *voidContext,
                              const xmlChar *name,
                              const xmlChar **attributes)
            {
              Context *context = (Context *)voidContext;

              if (COMPARE((char *)name, "TITLE"))
              {
                context->title = "";
                context->addTitle = true;
              }
              (void) attributes;
```

Left margin fragments:
```
ection\n");

FFER,

[%d]\n",

L);

 errorBuff-

OCATION,

ion [%s]\n",

NCTION,

n",

TA,

%s]\n",

ection\n");
```

Right column fragments:
```
{
  CURLcode code;

  conn = curl_easy_i

  if (conn == NULL)
  {
    fprintf(stderr, '

    exit(EXIT_FAILURE
  }

  code = curl_easy_se
errorBuffer);
  if (code != CURLE_
  {
    fprintf(stderr, '
code);

    return false;
  }

  code = curl_easy_s
  if (code != CURLE_
  {
    fprintf(stderr,
er);

    return false;
  }

  code = curl_easy_s
1L);
  if (code != CURLE_
  {
    fprintf(stderr,
errorBuffer);

    return false;
  }

  code = curl_easy_s
writer);
  if (code != CURLE_
  {
    fprintf(stderr,
errorBuffer);

    return false;
  }

  code = curl_easy_s
&buffer);
  if (code != CURLE_
  {
    fprintf(stderr,
errorBuffer);

  return true;
}
static bool init(CUR
{
  CURLcode code;

  conn = curl_easy_

  if (conn == NULL)
  {
    fprintf(stderr,

    exit(EXIT_FAILU
  }
```

인공지능

인공지능 전문가

인공지능과 관련해 다양한 컴퓨터 소프트웨어를 반드시 다룰 줄 알아야 한다. 컴퓨터나 정보통신 관련 학문을 전공하면 좋고, 컴퓨터 언어에 대한 이해가 필수다. 인공지능 분야는 매우 전문적이고 세밀하다는 특징이 있다. 따라서 하나의 문제에 끊임없이 파고들 수 있는 인내심과 열정이 필요한 직업이다. 최근 정부는 '4차 산업혁명과 인공지능'에 주목하면서 인공지능을 비롯한 사물인터넷, 자율주행차 등을 집중적으로 지원할 것이라고 밝힌 상황이다. 따라서 우리나라에서 인공지능 전문가들이 필요한 상황이 많아질 전망이다.

뇌 과학자

최첨단 인공지능의 모델을 인간의 뇌 신경망 구조에서 발견했다. 인간의 뇌 신경망을 이용해 만들어진 것이 인공지능 알파고다. 뇌 신경망을 모사한 인공지능은 이제 스스로 배우고 발명해 다른 인공지능을 만들어내는 수준까지 와 있는 상황이다.

인공지능 서비스 기획

인공지능 콘텐츠와 관련된 직업이라고 볼 수 있다. 인공지능 서비스 개발 단계에서 사람에 대한 이해, 환경에 대한 정보와 분석 등을 바탕으로 서비스를 기획한다. 의료 분야를 예로 들어보자. 개인의 건강 관련 정보 중 수집할 항목을 정해 이를 측정하고 정보를 보내 건강을 증진시키는 서비스를 계획하는 식이다.

인공지능 건강관리 전문 코치

모바일 기기를 활용해 사람의 건강관리를 돕는 직업이다. 건강을 잘 챙기지 못하는 인간을 위해 첨단 기기를 사용하는 것이 특징이다. 인공지능 헬스케어 기기와 애플리케이션 개발을 위해 애플과 구글은 인공지능 헬스 앱인 '헬스키트'와 '구글 피트'를 이미 개발했다. 앞으로는 더 많은 애플리케이션으로 건강관리를 도울 수 있을 것으로 기대된다.

인공지능 원격진료 코디네이터

인공지능을 활용한 원격진료가 활성화되면 이를 위한 진료 데이터가 필요하다. 원격진료 코디네이터는 원격의료기구나 해당 소프트웨어를 작동시켜 원격진료를 돕는 사람을 말한다.

인공지능 기술 기획전문가

인공지능 기술을 활용하기 위해서는 기술의 발전 방향과 활용을 위한 기획이 중요하다. 기술의 이해 및 활용을 위해서는 컴퓨터나 소프트웨어공학 등 이공학 전공자가 유리할 것으로 전망된다.

인공지능 보안전문가

데이터 침해와 해킹 등의 돌발 상황에 대비하는 전문 직업이다. 일종의 사이버 보안관 역할을 할 것으로 기대된다. 특히 향후 인공지능이 보편화되면 일반 기업뿐 아니라 각 가정에서도 인공지능 보안과 관련된 문제는 큰 사회적인 이슈가 될 가능성이 크다. 앞으로 꼭 필요한 직군으로 각광받을 가능성이 큰 직업군이다.

시각(비전) 인식 전문가

자율주행 자동차나 로봇 등이 수신호나 차선 등 각종 영상 데이터를 인색하고 해석하기 위한 알고리즘을 개발하는 직업이다. 향후 자율주행 자동차나 로봇 등의 활용이 대중화될 것으로 예상되면서 영상 데이터의 중요성도 훨씬 커질 전망이다.

인공지능 설계디자이너

인공지능 기술을 제품서비스 분야에 활용하기 위해서는 서비스 및 제품 분야별로 인공지능 활용 가능 분야를 설계할 전문가가 꼭 필요하다.

인공지능 큐레이터

큐레이션은 불필요한 것을 덜어내고 선별과 배치를 통해 사람들이 원하는 것을 가려내는 기술을 말한다. AI 콘텐츠 업계는 그야말로 큐레이션 전쟁 중이라고 말해도 과언이 아니다. 페이스북은 생성되는 많은 데이터 중 폭력적이고 선정적인 게시물을 걸러내는 데 주력하고 있다. 아마존 역시 큐레이션 분야에 공들이는 상황이다. 매일 새롭게 쏟아지는 정보의 홍수 속에 사람들은 극도의 피로감을 느끼고 있다. 따라서 사람들의 고민을 덜어 주면서 개인에게 딱 맞는 맞춤 정보를 찾아주는 큐레이션의 중요성이 커지는 상황이다.

기술 윤리 변호사

처음 듣는 생소한 직업일 수도 있다. 미래에는 꼭 필요한 직업이 될 것으로 예상한다. 앞으로 우리는 로봇과 인공지능이 주도하는 사회에서 살게 될 가능성이 크다. 이때 법적, 윤리적 가이드라인을 조언하거나 소송을 대행하는 일을 바로 기술 윤리 변호사들이 하게 될 것으로 예상한다. 인공지능과 함께 사는 시대에서 꼭 필요한 법률 자문 서비스가 될 것이다.

날씨 관리자

가뭄, 황사, 미세먼지 등 이상기온을 해결하기 위해 인공강우를 비롯해서 다양한 과학적인 방법을 이용해 날씨를 조절하는 전문가를 말한다. 지구 온난화와 환경오염이 큰 사회적 문제로 대두되면서 각광받는 미래 유망 직업 가운데 하나다. 관리자가 하는 일은 환경 문제로 발생할 수 있는 문제들에 대해 피해를 최소화하는 방안을 연구하는 것이다. 기상학, 대기 물리학, 우주 기상학 등을 전공해야 하며, 석사 이상의 전문 지식을 요구한다. 기후 분석을 위해 슈퍼 컴퓨터 등 전문 장비도 다룰 수 있어야 한다.

블록체인

블록체인 전문가

블록체인이란 개인 간 거래가 안전하게 이뤄질 수 있도록 도와주는 기술 중 하나다. 정보를 중앙 서버가 아닌 개인 네트워크에 분산시키기 때문에 보안이 가장 중요하다. 블록체인 전문가는 실시간으로 정보 흐름을 파악하고 해킹을 방지하는 임무를 수행한다. 블록체인 전문가에게 요구되는 가장 중요한 요소는 블록체인 소프트웨어 개발을 위한 체계적이고 논리적인 사고다. 또 블록체인 기술을 어떻게 활용할지에 대해 많은 생각을 해야 한다. 훈련과정은 정부기관에서 다양한 인력 양성 교육을 진행하고 있다. 이외에도 각종 직업훈련 기관과 민간 기업에서 블록체인 전문가 과정을 운영 중이다.

블록체인 프로젝트 기획 관리자

블록체인 프로젝트의 실행을 기획하고 관리하는 사람이다. 기업의 요구사항을 블록체인 개발회사에 전달하는 역할을 담당한다. 회사의 요구사항을 개발회사에 기술언어로 잘 소통할 수 있는 능력을 키워야 한다.

블록체인 개발자

블록체인 개발자는 블록체인 기술을 다양한 영역에 활용할 수 있도록 프로그램을 개발, 운영, 관리하는 전문가다. 주로 블록체인 프로그램을 개발하는 역할을 담당한다. 블록체인 기술에 대한 아이디어를 내고 실제로 사용할 수 있는 애플리케이션이나 플랫폼을 만든다. 블록체인 개발자가 되기 위해서는 컴퓨터 프로그래밍 언어를 익숙하게 다뤄야 한다.

고령자 전문 금융서비스 전문가

핀테크는 정보통신 기술에 기반을 두기 때문에 상대적으로 고령인 고객들은 소외당할 수 있다. 디지털을 이용하지 못하는 사람들은 전혀 발전하지 못함으로써 디지털 격차 현상이 나타나고, 금융소외 계층이 생기기 시작했기 때문이다. 특히 고령화 속도가 빠른 우리나라의 경우 고령층의 특성을 고려한 상품이나 서비스 개발이 절실한 상황이다. 이런 고령자들에게 가장 위험한 것이 바로 금융사기일 것이다. 하지만 블록체인 기술이 적용되면 실시간 공유 및 위변조를 방지할 수 있는 장점이 있다. 이를 설계하고 컨설팅해주는 전문가의 육성이 필요한 시점이다.

로봇

로봇 기술자

특정한 분야에서 필요한 로봇을 연구하고 개발하는 직업이다. 산업, 의료, 해저탐사, 실생활 활용 등 여러 분야에서 사용될 수 있도록 만드는 로봇 프로그래머, 로봇 콘텐츠 개발자, 로봇 엔지니어, 로봇 수리 전문가가 대표적인 직업군이다. 로봇 기술자가 되기 위해서는 기계공학, 제어계측 등을 공부해야 한다. 또한, 새로운 것에 대한 탐구 정신과 호기심, 창의성, 문제 해결능력도 갖춰야 한다.

로봇 임대인

고가의 로봇을 구매하지 않고 임대하는 사람들이 늘어날 시 로봇 임대 직업이 일반화될 수 있다. 지금도 공항, 쇼핑몰, 은행, 공공기관에 이벤트를 진행하거나 로봇을 임대하는 회사가 존재한다. 향후 좀 더 대규모, 체계적으로 로봇을 임대하는 회사가 생길 것이다.

로봇 공연 기획자

예술이나 스포츠 여가관리 서비스 영역에서도 로봇 응용이 활발해지고 있다. 이에 새로운 직업도 많이 생겨나는 상황이다. 이미 연주 로봇도 있고, 연극 등에도 로봇이 등장해 활용되고 있다. 이런 공연을 기획하고 서비스하는 기획자가 늘어날 전망이다.

드론 조종사

드론의 안정적 운행을 위해서는 정확한 조종기술을 익혀야 한다. 조종기술이 부족하면 추락 등의 사고로 사람이 다칠 위험성이 크기 때문이다. 안전운행을 위해서는 숙련된 조종기술은 필수다. 드론은 수동 조종뿐 아니라 미리 설정된 경로를 따라 자동으로 비행도 가능하다. 이에 따른 프로그래밍에 대한 지식도 필수다. 또한, 드론 조종사는 항공법, 기상에 대한 이해, 안전 규제에 관한 지식도 함께 갖춰야 한다.

드론 스포츠 종사자

현재 국제 드론 스포츠 챔피언십이 열리고 있으며, 국제 드론 스포츠 연합도 설립되어 있다. 한국은 드론 레이싱 세계 챔피언을 배출한 국가다. 이처럼 드론을 활용한 다양한 스포츠가 생겨나고 있는 만큼 드론 스포츠와 관련한 직업도 앞으로 늘어날 전망이다.

바이오 헬스케어

신약연구원

새로운 의약품을 연구, 개발하는 직업이다. 생물학과 자연과학 전반에 대한 지식이 있어야 가능하다. 장시간의 실험과 분석을 견뎌낼 수 있는 인내심과 꼼꼼함, 세밀함이 요구된다. 신약개발 연구원이 되려면 대학교에서 생물학, 생명과학, 화학, 약학 등의 전공이 유리하다. 제약회사나 생명과학연구소 등에 취업할 수 있다.

암 진단 예측 전문가

체액에 존재하는 DNA나 세포 등의 물질로부터 암 발생과 전이를 진단하고 예측하는 직업이다. 최근 들어서는 표적치료 및 면역치료 분야에서 맞춤형 처방을 위한 용도로 많이 활용되고 있다. 의학, 생명공학 등을 전공하거나 컴퓨터에 대한 활용능력이 뛰어나야 한다. 신약개발

제약업체나, 병원 등에서 활동할 수 있다.

세포검사 기사

환자들의 세포를 채취해 다양한 방법으로 검사하고 분석하는 직업이다. 세포검사는 암 발견과 호르몬 관련 분야에서 매우 효과적인 방법으로 활용되고 있다. 세포검사 기사가 되려면 화학, 생물학, 임상병리학 등을 전공하면 유리하다. 우리나라에서는 아직 임상 병리사와 업무 영역이 구분되지 않은 상황이다. 그렇기 때문에 임상병리사 자격증을 취득해야 한다. 세포검사 기사는 주로 대학병원이나 종합병원 임상병리실, 대학이나 전문 연구소에서 일하게 된다.

면역세포 치료 전문가

환자의 면역세포를 분리해 암세포를 제대로 공격할 수 있도록 활성화하고, 이를 다시 주입해 치료 효과를 얻는 기술이다. 면역세포 치료는 기존 항암치료법의 부작용을 줄이는 대안으로 주목받고 있다. 유전공학, 생명공학, 화학 등을 전공해야 한다. 병원이나 연구기관 등에 진출할 수 있다.

휴먼 마이크롬 전문가

휴먼 마이크롬은 인체에 존재하는 미생물 유전자를 이루는 유전체 전체를 일컫는 말이다. 피부와 점막을 비롯해 인체의 표면은 미생물로

덮여 있다. 휴먼 마이크롬은 인체와 공생하는 미생물에 대한 유전정보를 가지고 질병과의 관련성을 규명하는 기술이다. 현재 비만이나 당뇨 같은 대사성 질환뿐 아니라 면역 질환 및 신경계 질환 같은 질병 치료에도 활용되고 있다. 생명공학이나 화학공학 등을 전공하고, 바이오 헬스케어 분야 쪽으로 진출할 수 있다.

모바일 건강관리 전문 코치

모바일 기기를 활용해 사람의 건강관리를 돕는다. 의지가 강하지 않고서는 건강을 챙기지 못하는 약한 인간을 위해 첨단기기 활용의 한계를 사람이 직접 관여해 효율성을 보완한다.

헬스케어 애플리케이션 개발자

이미 애플과 구글은 헬스 애플리케이션인 '헬스 키트(health kit)'와 '구글 피트(google fit)'를 개발했고, 앞으로는 더 많은 애플리케이션 니즈가 생길 것이다.

원격진료 코디네이터

원격진료가 활성화되면 이를 위한 진료센터와 코디네이터가 필요하다. 원격진료 코디네이터는 원격의료기구나 해당 소프트웨어를 작동시켜 원격진료를 돕는 사람을 뜻한다.

빅데이터

빅데이터 전문가

빅데이터를 분석해 도움이 되는 정보를 만들어내는 직업이다. 빅데이터 전문가는 정보통신 기술 분야의 직업인 컴퓨터 시스템 설계 분석가, 시스템 소프트웨어 개발자, 응용 소프트웨어 개발자 등의 직업과 관련성이 높다. 빅데이터 전문가는 오랜 시간이 걸리는 분석 과정을 견뎌내기 위한 끈기와 인내심이 필수인 직업이다. 데이터 속에서 새로운 가치를 만들어내기 위해 통계적인 이론과 복잡한 프로그램에 대한 이해도 필요하다. 빅데이터 전문가가 되기 위해서는 대학에서 통계학 또는 컴퓨터공학, 산업공학 등을 전공하면 도움이 된다. 주요 진출 분야로는 대기업의 빅데이터 관리 부서나 마케팅 부서, 인터넷 포털 업체 등에 취업할 수 있다.

공간 빅데이터 전문가

도로나 건물 등 기본적인 공간 정보에 위치 정보를 결합하는 일을 한다. 내비게이션 길 찾기나 실시간 버스 정보 안내 시스템 등에 활용한다. 빅데이터 분석 결과를 쉽게 이해할 수 있도록 표나 그림 등 시각적 수단을 통해 정보를 효과적으로 전달하는 업무를 담당한다.

전략 컨설턴트

데이터를 분석해 기업의 사업 전략이나 마케팅 전략, 재무 및 회계 관리 등 전반적인 기업 경영 전략을 수립하고 컨설팅하는 업무다. 경영 컨설턴트 직무 중에서도 수준 높은 업무에 해당한다. 전략 컨설턴트는 각 회사와 부서의 특성에 맞는 컨설팅에 필요한 지식을 갖춰야 한다. 전략 컨설턴트의 경우 학부 전공은 크게 상관없다.

자율주행차

자동차 센서 개발 전문가

자율주행차의 눈이라고 할 수 있는 각종 센서를 개발하는 업무를 담당한다. 자율주행차는 주변 사람, 자동차, 사물 등이 있을 때 위험 상황을 빠르고 정확하게 인지해야 한다. 그러기 위해서는 주변 환경을 감시할 수 있는 센서라는 부품의 역할이 가장 중요하다. 이때 각 센서가 인식한 정보를 적절하게 융합하는 기술이 필요하다. 센서를 개발하고 연구하는 자율주행차 전문가가 되기 위해서는 자동차, 컴퓨터, 전기전자, 정보통신 등에 대한 전문지식이 있어야 한다. 또한, 관련 학과에 진학하는 것이 도움이 된다.

자율주행차 엔지니어

자율주행차는 운전자의 개입 없이 스스로 교통상황을 파악해 목적

지까지 도착하는 자동차를 말한다. 자율주행차 엔지니어는 자율주행이 가능하도록 도와주는 라이더, 카메라 등에 대한 지식이 풍부해야 한다. 관련 전공은 컴퓨터공학, 자동차공학, 기계공학, 전자공학 등이다. 국내뿐 아니라 전 세계가 자율주행차 상용화를 위해 노력하고 있어서 자율주행차 시장은 대세가 될 것으로 전망한다.

전기자동차 연구원

최근 친환경자동차 보급이 활성화되는 상황에서 전기자동차 관련 연구원도 늘어나는 추세다. 전기자동차 연구원은 주로 완성차 업체나 전기자동차 기업, 대학 연구소 등에서 일하고 있다. 더불어 전동 킥보드 등 개인 이동수단도 최근 늘어나는 추세이기 때문에 전기자동차 연구원이라는 직업은 앞으로도 큰 인기를 끌 전망이다.

사물인터넷

사물인터넷 개발자

사물에 센서와 통신 기능을 내장해 사물끼리 통신을 통해 실시간으로 데이터를 주고받는 기술을 개발하는 직업이다. 센서와 스마트기기를 결합해 개인에게 필요한 용도로 사용할 수 있도록 개발한다. 예를 들어 체중, 혈당 등 생체정보를 사물인터넷 기술을 이용해 스마트폰으로 전송할 수 있는 기술 개발 등이 대표적이다.

사물인터넷 사업 기획자

사회 분야의 안전, 복지, 교통, 환경 등에서 문제점을 점검하고 사물인터넷 기술을 활용해 해결방안을 찾는 직업이다. 센서, 무선망, 플랫폼 등 필요한 기술요소를 점검하고 구축한다. 서비스 기획에 따라 사전연구와 제품개발, 보안 문제 등 다각도에서 문제점을 점검하는 역할을 수행한다.

사물인터넷 서비스 기획자

사물인터넷의 '콘텐츠'와 관련된 직업이다. 사물인터넷 개발 단계에서 사람에 대한 이해, 환경에 대한 정보와 분석 등을 바탕으로 서비스를 기획한다. 의료 분야를 예로 들면, 개인의 건강 관련 정보 중 수집할 항목을 정해 이를 측정하고 정보를 보내서 건강을 증진하는 서비스를 계획하는 식이다.

사물인터넷 보안 전문가

일상을 지배하는 모든 기기가 인터넷으로 연결된 상황에서는 해킹 등의 위험이 더욱 크다. 하나가 뚫리면 도미노처럼 피해를 볼 수 있어 심각하다. 이에 따라 보안 전문가의 역할이 더욱 중요해질 것으로 보인다.

사물인터넷 데이터 전문가

사물인터넷과 관련이 깊은 직업은 빅데이터 전문가다. 사물인터넷 등으로 축적된 자료에서 의미 있는 패턴과 예측을 할 수 있는 자료 분석 전문가가 더 많이 필요하다.

3D 프린팅

3D 모델러

캐드를 사용해 3차원 출력물의 형상 정보를 새로 만들거나 3D 스캐너 등을 사용해 자동차, 항공, 메디컬 등 응용 분야에 적합하도록 3차원 출력물의 형상 정보를 가공한다. 기존 설계나 디자인을 디지털 도면으로 옮기는 일을 하던 사람은 비교적 간단한 추가교육만 받으면 3D 모델러가 될 수 있다.

맞춤형 개인 소품 제작자

3D 프린터의 소재 품질이 더욱 향상된다면 완구류, 운동기구, 액세서리, 인테리어 소품, 신발 등 대부분의 분야에서 개인 맞춤형 제품을 소량 제작해 직접 판매하는 창업자가 증가할 것이다.

인공 장기 제작사

환자를 위한 개인 맞춤형 인공 턱뼈나 치아, 연골, 인공 혈관, 귀 등 장기를 전문적으로 제작하는 일을 한다. 지금은 일부 병원에서 3D 바이오 프린터를 활용하고 있지만, 향후 상용화되면 이 업무를 전담하는 전문 직업이 생겨날 것이다.

프린팅 저작권 인증 및 거래사

3D 프린터로 총기류와 같은 위험물도 제작할 수 있다. 3D 프린팅 저작권 인증 및 거래사는 원작자의 창작물 권리 보호를 위해 불법 행위를 감시하는 일을 한다. 기존의 변리사가 이 일을 담당할 수도 있다.

가상현실(VR)

비주얼 아티스트

현실처럼 생생하고, 현실에 없는 비주얼을 만들어낸다. 멀티미디어 디자이너보다 한 단계 더 업그레이드된 직무를 수행한다.

VR 감독 & 연출자

다양한 VR 콘텐츠를 개발한다. VR 프로그램에 특화될 경우 VR 연출자 또는 VR 콘텐츠 제작자로 부른다. 주요 업무는 영화나 TV 프로그램 등 기존 분야와 비슷하지만, 가상현실에 최적화된 콘텐츠를 개발한다.

VR 콘텐츠 스토리텔러

영화처럼 가상현실에서도 스토리가 중요하다. 차별화된 콘텐츠는 가상현실에서 중심 역할을 한다.

나노 산업

나노 섬유 의류 전문가

나노 섬유를 이용한 특수한 기능을 가진 옷을 만드는 전문 직업이다. 나노 기술을 섬유 기술에 도입해 만든 섬유가 바로 나노 섬유다. 나노 섬유는 옷감의 재료인 일반 섬유 소재와는 달리 공기 구멍이 매우 작아 먼지나 박테리아 등이 통과하지 못한다. 그래서 오염이 쉽게 되지 않고 필터 역할을 할 수 있다는 장점이 있다. 섬유시스템공학과, 섬유패션공학과, 섬유공학과, 패션섬유학과, 재료공학과 등을 전공하면 유리하다. 연구소나 일반 섬유 관련 기업에서 일할 수 있다.

나노 공학 기술자

나노 공학에서는 나노미터 수준의 물질을 측정하고 물질의 성질을 연구하는 직업이다. 전자, 바이오, 소재, 장비 등에 적용한다. 나노 단위를 측정할 수 있는 장비나 설비를 연구하고 개발하는 업무가 주 역할이다. 생명공학, 환경, 에너지 등의 분야에서 나노 화장품과 나노 필터 같은 제품 개발 등을 담당한다. 재료공학이나 신소재공학 등을 공부하면 유리하다. 앞으로는 반도체, 생명공학, 의학 등의 분야에서 쓰임새가 더 많아질 것으로 전망한다.

나노 바이오 연구원

생명체를 구성하는 바이오 물질을 나노미터 크기로 조작을 제어하고 연구 분석하는 직업이다. 나노 바이오 관련 핵심 기술에 관해 연구한다. 연구를 통해 임상분석기기, 진단기기, 생체재생 분야, 항암제, 신약 등 각종 응용 분야에 관한 연구를 진행한다.

참고문헌

〈책〉

1. 《4차 산업혁명 시대 주인으로 살기》 / 책연 / 김희용 / 2021. 01
2. 《4차 산업혁명 시대와 초연결사회를 여는 사물인터넷 개론》 / 배움터 / 서경환 외 4인 지음 / 2018. 02
3. 《4차 산업혁명과 미래직업 이야기》 / 크레용하우스 / 서지원 / 2018. 05
4. 《법과 정책의 시선으로 본 4차 산업혁명》 / 박영사 / 4차 산업혁명 융합법학회 / 2020. 02
5. 《사물인터넷의 미래》 / 전자신문사 / 박종원 외 8명 / 2014. 11
6. 《제4차 산업혁명 시대 대한민국 미래교육 보고서》 / 광문각 / 국제미래학회, 한국교육학술정보원 외 2명 / 2017. 04
7. 《진로 검사로 알아보는 미래 유망직업 50》 / 서울진로상담연구소/ 이창선 / 2019. 01

〈보도자료〉

1. [2022 과기정통부 업무보고] 미래기술 혁신과 디지털 대전환으로 포용적 성장 실현! / 과학기술정보통신부 / 2021. 12. 28
2. 4차 산업혁명으로 촉발된 디지털 전환, 어떻게 진행되고 있을까? / 과학기술정보통신부 / 2021. 10. 6
3. 5세대(5G)가 국민에게 한 걸음 더 다가갑니다 / 과학기술정보통신부 / 2021. 11. 25
4. 가상현실의 새로운 결제수단, 토큰 이코노미 / 기획재정부 / 2021. 12. 23
5. 과기정통부, 디지털 대전환을 뒷받침하기 위한 네트워크 안정성 확보방안 / 과학기술정

보통신부 / 2021. 12. 29

6. 디지털 대전환 시대, 디지털 플랫폼의 미래를 논한다! / 과학기술정보통신부 / 2021. 09. 29

7. '디지털 뉴딜' 계기로 비대면 비즈니스 선점에 나섭니다! / 과학기술정보통신부 / 2020. 08. 25

8. 메타버스, 이젠 생활 속에서 누린다! 메타버스 플레이그라운드 / 과학기술정보통신부 / 2021. 10. 26

9. 상상이 현실이 되는 5G 세상, 대한민국이 가장 먼저 시작합니다. / 과학기술정보통신부 / 2019. 04. 04

10. 상상이 현실이 되는 세상을 만든다! '증강현실전문가' / 기획재정부 / 2022. 1. 12

11. 세계 기술패권 경쟁 시대, 기술주권 확보에 국가역량 결집 / 과학기술정보통신부 / 2021. 12. 22

12. 소비자 맞춤형 상품, 커스터마이징 / 기획재정부 / 2021. 11. 24

13. 신뢰할 수 있는 4차 산업혁명을 구현하는 「블록체인 기술 발전전략」 / 과학기술정보통신부 / 2018. 06

14. 유통가와 함께하는 ESG / 기획재정부 / 2021. 12. 17

15. 자율주행자동차 법제도 현안 및 개선과제 / 한국경제연구원 / 2016. 08. 24

16. 자율주행자동차 시장 및 정책 동향 / 소프트웨어 정책연구소 / 서영희 / 2017. 06. 30

17. 자율주행자동차의 등장과 교통형법적인 대응 / 한국형사법무정책연구원 / 2018. 03

18. 지능형 로봇 활용 어디까지 왔나? / 포스코 경영연구원 / 2017. 05. 11

19. 택배–돌봄노동부터 재활훈련까지 힘 필요한 신체 부위 어디든 쉽게 붙여 쓰는 근육옷감 개발 / 한국기계연구원 / 2021. 04. 15

〈보고서〉

1. 2017년 보안 위협 대응을 위한 제언 / 안랩 / 2017. 01. 02

2. 2020 사이버 보안 이슈 전망 / 금융보안원 / 2019. 12. 26

3. 2020년 기업 경영환경 전망 및 시사점 / 현대경제연구원 / 2020. 01. 15

4. 2020년 산업경기의 10대 특징과 시사점 / 현대경제연구원 / 2019. 11. 25

5. 2021년 미국 사이버 보안 산업 / 코트라 / 미국 실리콘밸리무역관 이지현 / 2022. 01. 04

6. 4차 산업혁명 시대의 규제혁신 방향 / 현대경제연구원 / 2018. 08. 07

7. 4차 산업혁명에 따른 금융 시장의 변화 / 현대경제연구원 / 2017. 11. 27

8. ESG 시대, 유통·소비재 기업의 미래 전략 / 삼정 인사이트 / 2022

9. NIA 4차 산업혁명과 사이버 보안대책 / 한국지능정보사회진흥원 / 2017. 02. 08

10. 고객이 원하는 모든 것, 고객 경험 : 금융산업을 중심으로 / 삼정 인사이트 / 2021

11. 국내 자동차 산업의 경쟁력 제고 방안 / 현대경제연구원 / 2018. 03. 20

12. 국내외 AR·VR 산업 현황 및 시사점 / 현대경제연구원 / 2017. 04. 03

13. 디지털 구독 경제 트렌드와 비즈니스 기회 / 삼정 인사이트 / 2020

14. 코로나가 바꾼 소비 트렌드, 집콕족을 위한 홈코노미 시대 / 효성FMS(비즈트렌드) / 2020. 07. 15

15. 포스트 코로나 시대의 산업정책 방향에 관한 제언 / 현대경제연구원 / 2020. 06. 12

16. 포스트 코로나, 경제·사회변화에 대한 전망과 시사점 / 한국경제연구원 / 2020. 08. 03

17. 하늘 위에 펼쳐지는 모빌리티 혁명, 도심 항공 모빌리티 / 삼정 인사이트 / 2021

〈기사〉

---

1. 2017년 사이버 보안의 5가지 통계 / 〈IT World〉 / Steve Morgan/ 2017. 06. 16

2. 21세기 원유 '빅데이터' 미래 예측 도구로 / 〈매일경제〉 / 정길호 / 2021. 04. 21

3. 디지털 뉴딜 추진의 신호탄 '데이터 댐' / 〈사이언스타임즈〉 / 김준래 / 2020. 07. 20

4. 사이버 보안, 대담한 예측 6가지 / 〈보안뉴스〉 / 홍나경 / 2017. 01. 01

5. 사이버 세계3차대전 ④ 사이버 보안, 결국 사람이 답이다 / 〈이코노믹리뷰〉 / 이성규/ 2016. 05. 25

6. 사이버 위협 갈수록 확산되는데 한국기업 보안인식 여전히 '0점' / 〈파이낸셜 뉴스〉 /김학재 / 2016. 07. 31

7. 사이버 테러 및 대응 사례/ 〈블루투데이〉 / 염흥열 / 2016. 03. 14

4차 산업혁명을 넘어 인터랙 시대로

인터랙 코드

제1판 1쇄 2022년 4월 15일

지은이   강정규
펴낸이   서정희   **펴낸곳**   매경출판㈜
기획제작 ㈜두드림미디어
책임편집 배성분   **디자인**   얼앤똘비악earl_tolbiac@naver.com
마케팅   강윤현, 이진희, 장하라

매경출판㈜
등록 2003년 4월 24일(No. 2-3759)
주소 (04557) 서울시 중구 충무로 2(필동1가) 매일경제 별관 2층 매경출판㈜
홈페이지 www.mkbook.co.kr
전화 02)333-3577(원고 투고 및 출판 관련 문의)
이메일 dodreamedia@naver.com
인쇄·제본 ㈜M-print 031)8071-0961
ISBN 979-11-6484-395-4 03320